系列丛书 瓯地乡愁

出 品

世界温州人联谊总会
世界温州人家园

Wenzhou Homesickness

World
WenzhouneseHome

出品
世界温州人联谊总会
世界温州人家园

夏真 /著

Wenzhou
Homesickness

LANDSCAPE OF WENZHOU

瓯地乡愁
系列丛书

瓯景

出版缘起

2018 年 11 月 9 日，在庆祝改革开放 40 周年的特殊历史节点，在第五届世界温州人大会召开之际，凝聚各方智慧力量打造而成的世界温州人博物馆顺利开馆了。之后，世界温州人博物馆迎来了一批批海内外乡贤、外地嘉宾，大家为温州人的故事所感动，为温州人的成就而振奋。

开馆之际，世界温州人博物馆筹建工作组也同步推出《弄潮儿——走向世界的温州人》《世界温州人博物馆捐赠藏品图录》（第一辑）两本册子，颇受欢迎。然而这些似乎都还未能满足人们对温州的想象，特别是远在异国他乡的华侨对家乡的渴念，意犹未尽之余总有参观者提出希望：如果能有更详细介绍温州风土人情的内容让我们带回去细细品味，那就太好了！

温州古称"瓯"，山明水秀、温暖宜居，是我伲温州人永远无法忘怀的家园。历经千年开拓、百年开埠，特别是改革开放 40 多年来，温州人为创造美好的生活，背井离乡，闯荡世界。虽然很多人走得越来越远，但他们始终记得回家的路。

"像树木花草一样，谁能没有一个根呢？我若能忘掉故乡，忘掉亲人师友，忘掉童年，我宁愿搁下笔，此生永不再写。"我感动于温籍作家琦君的这段话，道出了万千游子的心声。

曾经的苦难与峥嵘，都已随风远去，唯有故乡是最温暖的守候。为此我们拟推出献给世界温州人的礼物——"瓯地乡愁"系列丛书，书写温州人文、技艺、风物、美食等，定格精彩画面美丽瞬间，让更多的温州人感知家乡的人文风采，了解世界温州人的智慧才情，从字里行间触摸家乡的温度，寻找自己的来路。

如果这套丛书的出版，能为增强内外温州人、新老温州人对"温州"的归属认同，对"温州人"的身份认同，对"温州文化"的价值认同出一份力，我们将深感欣慰。

世界温州人联谊总会
世界温州人家园

前言

《瓯景》所记，为温州的人文风景。

公元 323 年，永嘉立郡。《弘治温州府志·城池》云，"郭璞登西北一峰，见数峰错立，状如北斗"，城垣便连五斗之山，依海坛、华盖、积谷、松台、郭公诸山而建，城池清嘉。

永嘉立郡之际，适逢王谢世家南迁，一时名士谪守温州如过江之鲫。《弘治温州府志·官职》载，东晋永嘉郡太守，始于谢毅，依次为王羲之（《晋书》未记载王羲之守温州）、孙绰、蔡邵、谢铁……及至南朝谢灵运，王谢风流在永嘉郡声迹流播，"泉曰墨池，堂曰梦草，坊曰康乐"，名士风景兴焉。

郡有名山水，集山、溪、河、江、海、岛之美，素有"东南山水甲天下"的美誉。自谢公屐叩响山水之美，永嘉成为山水诗诞生的摇篮；八百里瓯江浩浩汤汤，瓯江诗路上，过尽孟浩然等大诗人们的千帆。雁荡山，天下奇秀，历代杰出的高僧、大诗人、大散文家、大旅行家、大画家、各界名流接踵而至，若穿越时空连缀他们的入山足迹，可绘一幅思接千载、名士云集、蔚为大观的雁山行旅图，依次可排列出一串史上响当当的名字：诺讵罗、沈括、徐霞客、李孝光、汤显祖、姚鼐、袁枚、康有为、张大千……道不尽的"欲写龙湫难着笔，不游雁荡是虚生"。苍苍罗山，为郡城一道画屏，梅雨潭藏着一篇著名的《绿》。渺渺孤屿，似郡城一颗明珠，诗之岛上镌刻了名诗人们的近千首诗。"伊洛微言持敬始，永嘉前辈读书多"，宋代温州多书院，为永嘉学派的滥觞。乐清梅溪书馆的风声雨声读书声中，走出国事家事天下事事事关心的南宋一代名臣王十朋。温瑞塘河，接永宁安固文脉，瑞安名儒，开一代风雅。泰顺千山万壑，藏桃源之胜与廊桥之美。文成奇山奇水，五百年一出帝师王佐……

据《温州府志》称，温州是我国历史上最安定的地方之一，"后汉天下大乱，东瓯独安"；"东晋豪杰并起，未闻以东瓯为得失"；"五代莅乎吴越，长治久安"；"南宋则高宗驻跸于前，出帝浮海于后"。

虽隆冬而恒燠的温州，实为东南之隅一块明净的福地。纵观历史，无独有偶，温州往往成为诸多名士们一生中的"重要一刻"：

公元 422 年，谢灵运离开建康而赴永嘉，在亲历河流山川的行旅中，发现山水之美，"诗人正面书写山水"，由此，"老庄告退，山水方滋"，中国诗进入了"山水诗"的新篇。

1130 年，宋高宗入海避敌。正月二十三日，溯瓯江而上，到达乐清琯头。二月初一，驻跸江心屿，图谋复兴。1276 年，南宋将殁，杨淑妃带着两个王子赵昰、赵昺，辗转逃至温州，又落脚孤屿。一个王朝的开端与终结，其君主竟都选择了孤屿作为流亡的避难所。

1921 年 3 月，弘一法师离杭来温，卓锡积谷山下庆福寺。弘一在温州前后 12 年，掩关四年常住庆福寺，著《四分律比丘戒相表记》；出关后几年，如闲云野鹤，弘法四方。每至寒暑，大都回温结夏度岁。弘一的佛学体系和弘体书法皆在温州时期形成。

1923 年暑假，朱自清和俞平伯同游秦淮河，回到温州，写下同题散文《桨声灯影里的秦淮河》，此散文被誉为"白话美文的典范"。《温州的踪迹》

四篇，皆因朱氏的温州情缘而诞生。朱自清的孙子朱晓涛曾说，朱自清从诗人到散文家的转型，是在温州开始。

当名士与山水光辉合一，风景便添无限丰赡的人文内涵，纵贯古今。山水做证，灵犀相通。正如傅国涌在《民国不幸雁荡幸》中写道："我读民国时代那么多游山客写下的游记，依然心存感念，如果不是他们的莅临，山中的小世界将是何等寂寞，仿佛一年年寂寞地开了又谢、谢了又开的踯躅花，或是秋天里会开放的桃花，那些花为元代文学家、我邻村的李孝光见过，也被明代大臣章纶见过，写下了《牡丹亭》的汤显祖见过，或许徐霞客他们也见过。"

庚子年，与友人杨苗同行，有幸循着一代代名人的足迹寻访瓯越山水，每至一处，"寂然凝虑，思接千载；悄然动容，视通万里"，悠然心会于曾来东山书院执教的山东名士孙扩图所作十首《温州好·调寄忆江南》（其三）：

温州好，别是一乾坤；宜雨宜晴天较远，不寒不燠气恒温，风色异朝昏。

温州好，城郭画图间；渠引千街同一水，星临九斗孕群山，潇洒出尘寰。

温州好，地势旧称雄；山接天台来雁荡，地连甬上控闽中，胜据浙西东。

纵踏遍雁山云影、瓯海潮踪，道不尽这秀山丽水间人文隽永的瓯景！

是为前记。

夏真

2020 年 12 月

目　录

Contents

泉曰墨池，园曰玉介

墨池公园的三段前朝梦忆：

"何以清池唤墨池，昔年临此有羲之。"那是东晋王羲之的墨迹风流。

"池台泉石之胜甲于郡"，那是明代王叔杲玉介园的绝代风华。

"乃隐是园，吾将隐焉"，那是民国初期冒广生瓯隐园的雅集掌故。

一、何以清泉唤墨池

《世说新语》写尽魏晋名士风流；魏晋名士风流，首推王谢世家之王谢风流。东晋建永嘉郡（公元 323 年）后，王谢风流在永嘉郡声迹流播。王叔果《王谢祠记》言：王谢"声迹流播，泉曰墨池，堂曰梦草，坊曰康乐。民至于今称之"。

正值仲春三月，惠风和畅，前往墨池坊，访墨池公园。雨后春阴澹澹，园内的墨池映出一池水墨色，颇令人起怀古之幽情。

墨池坊为温州三十六古坊之一，相传坊间有一水池，每当大地春回，蝌蚪滋生，游于水中，水面时见墨点，故有墨池之称。而唐以后则传：东晋王羲之公元 347 年任永嘉郡守，常临此地作书，洗砚于此池，于是变成墨池。"何以清池唤墨池，昔年临此有羲之。"至北宋，米芾又书"墨池"二字于池上。因有两大书法家加持，历代地方志都

采取此说。

墨池旧迹已毁。如今，公园西门内的墨池，在一棵老榕树的掩映下，半亩方塘一鉴开，天光云影共徘徊。池以整块石垒筑，围以石构栏杆。米芾题字久已散失，石上"墨池"两字，系清乾隆五十年（1785）总兵黄大谋补书。

《温州府志》《永嘉县志》记载："王羲之守永嘉，庭列五马，绣鞍金勒，出即控之，今有五马坊。"北宋时温州知州杨蟠《咏五马坊》诗云："相传有五马，曾此立踟蹰。人爱使君好，换鹅非俗书。""五马""换鹅"的典故，便是指王羲之。杨蟠曾定温州城内为三十六坊，三十六坊中有"五马坊""墨池坊"，似皆为王羲之任永嘉太守佐证。

《世说新语·容止》：时人目右军"飘若游云，矫若惊龙"。王羲之其人如书法，豪逸俊雅，世人喜爱他至甚，一时无人能出其右。唐温州刺史张又新仰慕王郎风度，有《咏百里坊（芳）》诗："时

墨池早耀兰亭文章
傅之百代调连娟光

王羲之

清游骑南徂暑，正值荷花百里开。民喜出行迎五马，全家知是使君来。"南宋地理志《方舆胜览》亦记载了王羲之在温瑞塘河欣赏江南夏日风光的雅事——据载，温州会昌南湖至瑞安、平阳屿一百里河港荷花盛开，荷香扑鼻，王羲之自南门登舟，在百里荷香的水路上赏荷，沿岸郡民蜂拥而出，争睹太守清贵尊容。由此得"百里芳"之佳话，后"百里芳"作一字之改，成为城内街坊名"百里坊"。

王羲之痴迷服五石散。所谓魏晋风度之解衣袒胸，与服五石散后需散热有关。当年郗家派人来选婿时，王羲之袒腹于东床之上，仪态放旷而成东床快婿，可能其时正在散热。五石散的成分之一为紫石英，《永嘉郡记》记永嘉固陶村（今齐岙村）产紫石英，"王府君闻之，遣人缘山掘得数升"。其《服食帖》曰："吾服食久，犹为劣劣。"

王羲之任永嘉太守，《晋书·本传》等正史却并无记载。《晋书》仅记王羲之在辞去最后一任官职会稽内史、右军将军后，"与东土人士，尽山水之游，弋钓为娱，又与道士许迈共修服食，采药石不远千里，遍游东中诸郡，穷诸名山，泛沧海，叹曰:我卒当以乐死"。由此，孙诒让在《永嘉郡记》辑本里认为，王羲之应当是辞官后漫游浙东至温州（见南航《王羲之游温》）。

右军至，温州颇多书墨佳话。温州江北罗浮华严山产上好石砚，南宋《云林石谱》卷下记载："温州华严川石，出水中，一种色黄，一种黄而斑黑，一种色紫，石理有横纹微粗，扣之无声，稍润，土人镌治为方圆器，紫者亦堪为砚，颇发墨。"王羲之曾得华严山石砚，得之甚喜，记于简帖寄友人："近得华严石砚颇佳。"相传温州郭公山昔日"富览亭"三字为王羲之手书。旧温州府署左井栏内侧刻有"容成太玉洞"五字，相传也为王羲之所书。

南宋叶绍翁《四朝闻见录》记载王羲之留下

墨池,明《万历温州府志》记载他在温州临池作书,洗砚于池,池水尽墨,唤之墨池。后人纷纷吟咏思慕。清代郭钟岳有诗《东瓯百咏·墨池坊》:"风流太守忆王郎,经换笼鹅字字香。昨日见郎书法好,移家合住墨池坊。"

在温州,墨池与春草池文雅齐名,分别为"书法"与"诗歌"的渊薮,一直润泽着斯地斯人。自唐以来,文风蔚然,书家辈出。远从唐代以草书驰名的张澄,到明代7岁能书的姜立纲;近从20世纪30年代号称"马氏双璧,永嘉二难"的马孟容、马公愚两兄,到现当代书坛名家方介堪、邹梦禅,一代代的书法家结社墨池,传承创新。

王羲之到任或游历过的地方,留有多处洗笔砚处,比如江西临川墨池,绍兴兰亭墨池,浙江温州墨池,庐山归宗寺墨池。值得一提的是,王羲之墨池,影响了后世园林中的方池现象。

大散文家曾巩在《墨池记》曰:"临川之城东有池。洼然而方,曰王羲之之墨池者。"墨池为方池。方池最迟出现在魏晋时期,中国传统园林的建造有一个崇尚名士为正宗的现象,后世刻意模仿前人的名家园墅,其中以王羲之的墨池(方池)和流觞曲水(曲池)为代表的造园模式为后人追慕和模仿。晚于王羲之三辈的谢灵运,其老家的始宁墅,便有方池:"清晨振衣起,起步方池侧。"

唐代白居易在《庐山草堂记》记录了后世方池园林的新模板:"是居也,前有平地,轮广十丈;中有平台,半平地;台南有方池,倍平台。环池多山竹野卉,池中生白莲、白鱼。"宋诗中也提及了大量方池,以朱熹的"半亩方塘一鉴开,天光云影共徘徊"最为著名。

诸此种种,右军风雅流播广矣。

二、玉介林泉,瓯隐雅集

墨池公园的前身是明代东瓯名园玉介园。说起玉介园,有一段浮华与苍凉的前朝梦忆。

明嘉靖年间,张璁任内阁首辅时,东临东海、西靠罗山的华盖乡(永强永中)盛极一时。华盖乡最显赫的豪门望族为王氏家族,富而好礼,自托王谢世家之后。其中有王澈者,是张璁的外甥,官至福建布政司左参议。明代东海备受倭寇侵扰,1558年,王澈的两个儿子王叔果、王叔杲倡议修建了气势磅礴的防倭工程永昌堡,其家族承担一半的费用。

王家"运交华盖",后从永强华盖乡迁往温州城内华盖山下居住。官至湖广布政司右参政的王叔杲,在府邸旁购地十亩,植树造园。因园介于华盖山麓"太玉洞天"西,名"玉介园",又名"东园"。

晚明政治衰驰,士大夫找不到出路,多有末世的绝望与逃避情绪。一时修亭造园之风炽烈,在封闭的园林华庭里"躲进小楼成一统",纵情声色、享受个人情趣,成为士大夫们的浮靡风尚。王叔杲素有士大夫游园赏花、饮酒吟诗之雅兴癖好。万历五年(1577),值其告老还乡,便邀来大批匠人、圃人、沼人,大兴土木,致力打造一座与唐代长安名胜"韦曲"相媲美的顶级园林。

经过精美布局的玉介园,迷楼曲房、兰馆柳苑、水榭花坞,一一俱全,"池台泉石之胜甲于郡",成为时人艳羡称颂的温州名园之首。

王叔杲深抱文人情怀。他引经据典,从《庄子》《楚辞》、苏轼诗句中采句撷词,为玉介园胜景取名。玉介园胜景多处,大有争奇斗艳之格局,分别为:爽然台、餐英馆、最景园、苍雪坞、丛兰馆、右军洗砚处……其中右军洗砚处更珍视为先祖遗迹,砌以玉栏,分外护之。

王叔杲与胞兄王叔果晚年同住于玉介园，寄闲情于林泉词曲，日日笙歌夜宴，常邀名士趣友在园中诗酒歌舞。与其结交的多鸿儒俊彦，其中不乏明"后七子"之一王世贞等人。"每早起扶杖径中，鸟语松声相合，月夜坐池上，荷香凉气袭人，时与二三亲友浅斟清歌。""篮舆画舫，娇歌急管，申旦不寐以为常。"王叔杲把自己在园中一曲新词酒一杯所作的诗文，结集为《玉介园存稿》。

既自托为王谢后人，王叔杲仿魏晋名士风度，兼晚明文士情趣，彼时玉介园内繁华似梦的游宴人生，惊艳世人。时人常将王叔杲比作晋时驾高车披鹤裘在微雪中飘逸而过的"神仙中人"王恭。

明亡清兵入，遭兵乱涂炭，玉介园几成废园。王家后人有诗为证："玉介园空玉树荒"，"圮廊坏榭走狐兔"。先前繁华的朱阁玉槛，成了苍凉的断壁残垣。富贵神仙也不过云烟。

玉介园几经风雨坎坷，民国二年（1913），有幸传于瓯海（温州）关监督冒广生手上，所托知己，得以重兴。冒广生费三千金改造旧园，"乃隐是园，吾将隐焉"，"若不知人世有桑田之感"，故名"瓯隐园"。

冒广生（1873—1959），字鹤亭，号瓯隐，江苏如皋人，光绪甲午科举人。为"明末四公子"之一冒辟疆后人。冒家在如皋有苏派典丽如画的文人名园"水绘园"，冒襄与董小宛在明亡后隐居明志，即隐于此。冒广生书香家学，精通诗文，博于国学，受余樾、孙怡让影响颇深，是近代著名的学者、词家。

在瓯隐园翠云亭内，冒广生携家人曾拍有一张三世同堂的全家福。其夫人黄曾葵为瑞安两代五进士的书香名门黄绍第家的女儿。冒广生是温州的女婿，是黄宗江、黄宗英的姑父。

冒广生在温任职五年（1913—1917），对温州文化事业深有影响。

他在瓯隐园内改建王谢祠和诗传阁，编《永嘉诗传》百卷，整理地方文献，收录唐以来两千余诗人的诗作两万余首。冒广生刻印了《永嘉诗人祠堂丛刻》《永嘉高僧碑传集》《二黄集》等。撰写了《戏言》，对古代戏的发展做了梳理与考证，尤其对温州地方戏进行考索与评价，《戏言》为温州地方戏研究性质的重要文献。

冒广生提携温州后学如夏承焘等一批少年俊杰，颇有风雅之举。马公愚曾称赞："在温州当官的前后不知多少人，早为人们忘记。记得的只有冒监督。"顾颉刚也曾评介：今东南学者应推冒鹤老为坛坫祭酒。

在冒广生的《瓯隐园碑记》里，可窥当日瓯隐园的格局：

"西入园门数百步，夹道植海棠、芙蓉，有王谢祠五楹，以祀前郡守王右军、谢康乐。由祠东行折北，为疚斋，斋上有阁，曰诗传阁，系斋主茸《永嘉诗传》处……再折而西，为永嘉诗人祠，祠亦五楹，高墙厚墉，颇为壮观，系祀唐宋以来诸郡人之能诗者……"

"疚斋"为园中书斋。以疚名斋，自比于柳宗元贬谪永州时，"以愚名溪"。疚斋前，有松、有柏、有桂，其左有石、有泉。其上有楼，夏宜当风，冬宜听雪。冒广生文人雅趣，颇得先祖冒襄其风。

冒广生在任时，瓯隐园成为词人、画家吟诗论画的雅集去处。其中有一位民初永嘉丹青妙手，以画笔绘录了清雅淡逸的瓯隐园名卉图谱，他便是汪如渊。

1915年，冒广生聘汪如渊为记室。瓯隐园内的诗人祠堂、四季花木，皆成为汪如渊笔下素材。《永嘉诗人祠堂图》现存于温州博物馆。当瓯隐园的旧建筑、旧风月多已湮灭，汪画则永恒地记录

←
墨池公园南门

苍雪坞

→
墨池公园翠云亭

水香楼

泉曰墨池，园曰玉介

了当日的名园风雅：在黛青、浅绛、朱红的丹青渲染下，华盖远山、祠堂屋庑、书案、词人、庭院、芭蕉，疏朗相宜，浓淡相映，一一见格调风致。

《瓯隐园花木册》共24页，梅兰竹菊四君子，加之春桃、夏荷、稚柳、修竹，园中四时花木葱茏，皆入画，没骨渲染，媲美恽南田清贵淡艳画风。

冒广生每为汪如渊《花木册》题词，诗画相映，文人画格调具足。冒氏诗词有江南才子的伤春悲秋，感时恨别。在牡丹花画页上，冒广生题词："富贵原知梦已阑，春城回首泪偷弹。难忘白纸坊前路，沉醉千场侧帽看。"

1917年，冒广生调职离温。晚年有《水绘集》诗稿。究其一生，他与瓯隐园、水绘园有不解之情缘。

无可奈何花落去，似曾相识燕归来。明时玉介园、民国瓯隐园，今为墨池公园。几经兴替，旧园林的古雅气息仍在焉。古树蓊蓊掩屋宇，修竹萧萧映亭榭，"风吹别院鸟声碎，雨散空林花气闻"。故园一庭一树，皆有时间的出处。

园内至今仍保留着"最景园""丛兰馆""瓯隐园""苍雪坞"。当年王叔杲给自家橘园取名"最景园"，便是取苏轼"一年好景君须记，最是橙黄橘绿时"之诗意。公园东门近华盖山，"苍雪坞"曲廊曲水今仍在焉，"苍雪坞"三字为张如元先生所书。旧时苍雪坞遍植翠竹，夏日翠竹卷风，冬日修竹映雪，苍苍郁郁，清清白白，便是"苍雪"画意。

墨池公园内设墨池吟坛、书画院。过去与现在，文脉相承。

出墨池公园时，再临墨池观瞻。只见方池石壁上青苔蔓延。素有"日本诗经"之称的和歌总集《万叶集》中有一句："直到长出青苔。"青苔是时间的印记，斯人虽已去，斑斑青苔见证着墨池水汩汩不息，永久滋养一方性灵。

→
"墨池"两字，系清乾隆五十年总兵黄大谋补书

泉曰墨池，园曰玉介

池上楼的前生今世

谢灵运离开建康而赴永嘉，郡有名山水，灵运素所爱好，肆意遨游。及此，"诗人正面书写山水"，永嘉山水及《登池上楼》在开辟中国山水诗新章中占有重要的一席之地。

→
谢灵运像

一、春草池塘

"池塘生春草，园柳变鸣禽。"当春天带来浅草与欢悦的鸟声，你不妨去池上楼春草池畔走一遭。在诗歌的千年余韵里，看怀谢楼、春草池，风吹皱一池春水，满园春意古旧。

喧闹的谢池巷东端，便是池上楼。门匾上题"如园"两字，集字于曾在谢池附近庆福寺修行的弘一法师书法，字体清瘦，冲淡脱俗。清代学士吴山尊撰写的一副楹联，讲述着池上楼前世今生的风雅："春草池塘仍旧迹，东山风月绘名园。"

进门，穿过花厅回廊，便去瞻仰池上楼。"池上楼"三字，为吴让之篆书，别具雅逸气象。池上楼一楼侧墙上，是张如元先生书写的《晚出西射堂》。

步出西城门，遥望城西岑。
连鄣叠巇崿，青翠杳深沉。
晓霜枫叶丹，夕曛岚气阴。
节往戚不浅，感来念已深。
……

这是谢灵运来温州后写的第一首诗，时属深秋。射堂为射箭之营地，一般在衙署后园，据温州学术先驱周行己《浮沚记》记："僦室净光山之下，古西射堂之遗址。"由此，西射堂在今松台山下蝉街。谢灵运黄昏时出西射堂，踱步到来福门，遥望西山（景山）枫丹霜浓，心有戚戚焉。

登池上楼，凭楼眺望，楼头映积谷山，帘外接春草池，这一望，依稀梦回《登池上楼》的诗境，时间仿佛回到了南朝。

公元 422 年旧历七月，南朝刘宋之际，狂傲的诗人、失败的政客谢灵运，自建康（南京）登舟出发，沿长江枉道先回故乡始宁（上虞），又返棹过桐庐、丽水，故意拖拖拉拉了三个月，终于到了瓯江。那一年，谢灵运因毫无忌惮地批评当政者，被降公爵为侯爵，从朝廷外放，贬到僻远的永嘉任太守。

"康乐公出守永嘉郡，爱永嘉亦有东山之胜，乃创宅凿池于积谷山下。""谢公池，在积谷山麓，又名春草池。谢灵运尝憩此。"（《光绪永嘉县志》）

宅为池上楼，池为春草池。"园内疏流累石，

↑
怀谢楼

遍植花木，岩坞有小台，前为华盖山，城内外绿野清流，尽揽目中。"池上楼风光秀丽，为城中胜处。

卧疴一冬，次年春天，谢灵运登池上楼远眺。积谷山上，时鸟变声，欢然生喜。一个盛大的春天照亮了诗人。

"池塘生春草，园柳变鸣禽。"如有神助，佳句诞生。一首《登池上楼》，彰显了山水诗诞生的新境，从此，池上楼成为山水诗里的一张风景名片，名传千古。

走出池上楼，谢灵运开始了登山临水的永嘉诗路之旅。

《宋书·谢灵运传》载："郡有名山水，灵运素所爱好，出守既不得志，遂肆意游遨。遍历诸县，动经旬朔。"晋宋时期，永嘉郡包括永宁（今温州市区及永嘉县）、乐成（今乐清市）、安固（今瑞安市）、横阳（今平阳县、苍南县）、松阳五县（今青田、丽水一带）。谢灵运常常车服鲜丽，带上百余人，裹粮携杖，遍访山水，半月不归。腰绑"曲柄伞"，脚着"谢公屐"，逢山开道，见水搭桥，即事即目而作诗，正是宇文所安所谓：是一种特殊的山水日记条目。

永嘉成了山水诗的摇篮。谢灵运在温州一年，写了20多首山水诗。《永嘉县志》可稽查的，有《过白岸亭》《登石门最高顶》《夜宿石门》《登永嘉绿嶂山》等诗篇。

刘勰以为"庄老告退，山水方滋"，谢灵运的山水诗打破晋代玄学诗的玄奥清谈，"如初发芙蓉，自然可爱"，成一时风尚，朝野争读。白居易在《读谢灵运诗》中，最早提出了"山水诗"这个说法："谢公才廓落，泄为山水诗。"谢氏去离建康而赴永嘉，在亲历一条条河流山川的行旅中，山水美为之发现，逐渐渗入了游览、去离、衙署闲情、登临等诸类题材，"诗人正面书写山水"，中国诗进入了"山水诗"的新篇章。由此可见，永嘉山水及《登池上楼》在开辟中国山水诗新章中占重要的一席之地。

至唐朝，诗人们多追慕谢灵运，一路游历至永嘉，由此开辟了一条灿烂的瓯江山水诗路。历代文人墨客频频登临积谷山池上楼游历吟咏，康乐风雅在池上楼代代相传。

唐张又新《谢池》诗："郡郭东南积谷山，谢公曾是此跻攀。今来惟有灵池月，犹尔婵娟一水间。"宋杨蟠《春草池》诗："寂寂绿岩畔，相期无数人。不知康乐后，池草几回春。"

绿岩，即积谷山谢客岩。在飞霞洞右壁，如今仍存四行楷书摩崖诗刻，为宋天圣十年（1032）永嘉主簿曹观题刻："岩前春草萋萋色，岩上春风淡淡阴。数百年来无谢客，□□依旧到如今。"

谢灵运幼时寄养在杭州，小名"客"。这"客"字意味深长。谢灵运守永嘉，匆匆一年，于公元423年，便辞官归去老家始宁。对温州来说，他真是一个过客。公元433年，谢灵运被宋文帝以叛逆罪名，在广州杀害，时年48岁，临刑前，割胡须布施给了泥洹寺僧，装饰维摩诘佛像，并赋诗"斯痛忍已久"。人的一生，于苍茫宇宙，更是匆匆一客。痛过，错过，骄纵过，雁过无痕，惟诗歌传世。

谢灵运来温州时写的第一首诗歌《晚出西射堂》，其意怅怅："节往戚不浅，感来念已深。"一年后，他在北亭（《太平寰宇记》记载：北亭在州北五里，枕永嘉江。永嘉江即瓯江）辞别乡人，写下在温州的最后一首诗《北亭与吏民别诗》，其意依依："前期眇已往，后会邈无因。贫者缺所赠，风寒护尔身。"亦是结缘了。

从积谷山留云亭下来，漫山的香樟树落叶纷纷，飘落在月带桥上，飘落在春草池里，春草池旧梦一般的寂寞。池上楼的翘檐也被落叶弥漫着，一片接一片，仿若寂寞的诗歌再次降临。

再次迈进如园的门，在时间的深处，忆一段池上楼的前生今世。

二、如园掌故

池上楼千年传承的"名园史"，绕不开的，便是张瑞溥的"如园"。

清道光初，官至湖南粮储道的邑人张瑞溥，引疾辞官回归故里。素好诗文的张瑞溥相中谢池公旧址，在此购地十亩，建起一座私家园林。为存谢公之旧，增筑"春草轩""怀谢楼"等，取名"如园"。园内有假山、奇石、回廊，另有"十二梅花书屋"和"飞霞山馆"，颇似苏州园林的精巧。清人曾儒璋的《东山八景》诗中提及，依山傍池的如园，有"飞霞春晓""池塘春草""山楼夜雨""赤壁夕照""碧波秋月""雪岸归鸿""带桥残雪""雪亭松涛"诸景。

旧时温州城里布满河流，宛如威尼斯（传教士苏慧廉女儿谢福芸语），一渠一坊，舟楫毕达。谢池巷中亦有小河，舟楫往来，两岸映柳，水光澄碧。如园大门上有一副对联，据说是清翰林侍讲、杭州梁山舟所写："水光连岸碧，山色到门青。"颇为应景。水巷古园，江南胜景，岂不妙哉！

嘉庆四年进士、扬州书院山长吴山尊，为如园撰联："春草池塘仍旧迹，东山风月绘名园。"有"楹联学开山之祖"之称的清代儒学者梁章钜寓居温州期间，为池上楼撰联："楼阁倚城隅，一角永嘉好山水；风流思太守，千秋康乐旧池塘。"此二联为如园最著名的楹联。

如园的主人，在这康乐池塘的好山水里，耳濡目染，诗文传家，后代才俊辈出。其中，先后出了几位女才子，才华灿焕，在家族里尤为突出。

如园第二代主人之一张凤慧，字香筠，号逸仙，为张瑞溥侄女。张凤慧博学高才，既工诗词，又擅丹青。自小兰心蕙质，颖悟异常。张瑞溥任职湖南时，将她携在官署，钟爱有加，聘名师授之诗文、绘画、金石诸学。张凤慧有《留香阁诗

→
夏承焘书：池塘生春草

钞》等诗集，"诗词巧运独造，深承唐宋明贤法乳"。1918 年，徐世昌任总统，收集清代诗篇，刻印《晚晴簃诗汇》二百卷行于世,《留香阁诗钞》受其青睐，有四篇入选。

《留香阁诗钞》中有部分"闺愁诗"，缠绵悱恻，清丽婉约，写与丈夫的两地相思。这其中，有一段颇似李清照与赵明诚两地分隔，以诗代信的才子佳人故事。

张凤慧在如园生活多年，后嫁于泰顺潘福纶。潘福纶，号啸簃，出身于泰顺罗阳书香门第，其父圣翼公，拔贡，诰授奉政大夫，历任云南丽江、通海知县。潘福纶少年时，曾侍父而宦游云南。潘张以才智相投，结成伉俪，"夫唱妇随，群称佳偶"。潘福纶书法宗李北海而融董其昌，少量作品藏于温州博物馆。潘福纶虽满腹经纶，却屡试不售，在科场及羁旅中磕磕碰碰、兜兜转转几十年，才高情深的夫妇离多聚少，只能以诗代信，互诉相思之苦。泰顺一脉书香 25 代的潘氏家族潘其祝，曾为《留香阁诗钞》作了一篇骈文长序，既赞其才思卓绝，又叹其相思情苦：

"既风絮效谢庭之礼，亦雪梅记庾岭之行……泛绿依红，思君压线；雁来燕去，催我征衣……"

令人惋惜的是，《留香阁诗钞》在十年浩劫中遭焚毁。今存有《重登池上楼有感》《枕流岩》《乌石舟中夜坐》《石门访刘文成读书处》四篇，有"月影沉寒潭，清光若可掬"句，可睹其清妙诗韵。

春草池中横卧着一块长形岩石，石侧刻有"枕流"两字，至今仍在。张凤慧咏《枕流岩》诗，妙笔词工，清奇独造，其才情回风流雪，颇悟得清代王士禛提倡的最高诗境"神韵说"：

拳石玲珑藓作瘢，只宜高处枕轻澜。
白云数尺笼残梦，明月一床听急湍。
侧耳清流声愈大，满身斜照夜将阑。
鸳鸯文锦饶君侈，争及东山卧谢安。

如园第五代主人中，又出两名享誉国内的女才子：工笔画家张谨怀、女词人张珍怀。张谨怀常

↑
如园

→
积谷山航拍图（林锡麒摄）

池上楼的前生今世

←
池上楼园林

→
春草池

在如园里写生，亭台园柳芭蕉春雨皆入画。张珍怀是夏承焘高足，著有《飞霞山民诗选》《清词研究》。张珍怀曾为堂姐张谨怀所绘的《故园梦痕》画卷题八首七绝诗，诗画双璧，描绘张家花园秀雅美景。其二："门外水光连岸碧，亭中石叠众峰殊。芭蕉绿映回廊转，缓步却疑入画图。"其四："飞霞山馆倚山隈，峰顶豁然洞府开。雨霁翠岚扑牖户，朝晖金彩焕楼台。"

如园第五代中最热情豪放的姐妹，是张古怀。抗日战争期间，张古怀投身抗日救亡运动，如园成为中共地下党活动据点之一。张古怀和林斤澜、马骅、郑之光等人常在如园里排练进步话剧，古老的如园里，时时传出慷慨激昂的话剧对白与青春洋溢的欢声笑语。张古怀后来与郑之光结为伉俪。

如园那副"春草池塘仍旧迹，东山风月绘名园"楹联，保存在第四代主人张之纲处时，不慎遗失。张之纲，字文伯，晚号谢村老民，光绪二十八年（1902）举人，授奉政大夫、内阁中书，宣统三年（1911）立宪内阁成立，调任内阁制诰局佥事。平生精研文字学，晚年耽悦金文释器，著作甚丰，遗著有《池上楼诗稿》《金文斠释》等。几经周折，1925年，张之纲特请北大第三任校长朱益藩（末代皇帝溥仪作太子时的老师，故称朱少保）补写了此副对联。2007年，这副珍贵的对联被张之纲之子张亦文带回池上楼重归如园。张亦文看着父亲念兹在兹的如园，不禁感慨万千！

在如园后人的回忆中，如园的一亭一阁、一草一木，给了他们童年无穷的欢乐："我小时候寄养在外婆家，当时张珍怀的女儿孙芸（小名咪咪）寄养在张毅远家，一群小孩经常在如园的花丛中玩耍，在花厅回廊里捉迷藏，在菜地里放风筝，挤在摇椅上遥望星空，念着似懂非懂的句子'云

对雨，雪对风，晚照对晴空……'，童趣天真，其乐融融。"（如园第六代后人项瑞铮，瑞安项氏家族后人，著名中医张德怀之子。）

但张家花园其乐融融的记忆，后来也无处寄放了。

上世纪50年代初，如园主人大多离散，迁居外地，张之纲长子张毅远也举家迁居上海，便将日渐破败的如园出售给卫生局，如园变身为温州卫生学校的校址。二楼成为医院宿舍，名园胜景，一时燕去梁空。

2000年，年久失修而颓圮不堪的如园依原貌精心修缮，池上楼、怀谢楼、春草轩等古色古香的清式建筑群终于重现在春草池畔。

那些散佚不存的牌匾，以集字的方法得以恢复。"如园"为弘一法师字，冷艳静穆；"怀谢楼"为于右任字，苍茫刚健；"春草轩"为伊秉绶字，别有姿纵；"池上楼"为吴让之字，秀骨雅逸。正、篆、隶诸书体齐全，因系集字，均无落款。

张家花园，风景再现；谢池春草，春风又绿。前生今世，感慨系之，正是："旧雨仍今雨，飞霞近落霞。"（梅冷生诗《答如园旧主张毅远来书》）

三、谢池文脉

据徐逸龙《千秋康乐旧池塘》载，当年谢灵运离开温州时，其母与其次子仍留居积谷山，在谢村繁衍。

自宋至清，积谷山下的谢村成为名门望族周行己、许及之、张阐、叶适、叶杲、薛氏、潘氏等家族聚居之所，历代先贤在此办学，继承康乐遗风。

明《弘治温州府志》载："周行己（1067—1125），字恭叔，永嘉瑞安人。大观三年（1109）

罢归，于所居谢池坊，筑室临池，作东山堂。"周行己早年赴洛阳，受业于程颐。"从学伊川，持身艰苦，块然一室，未尝窥"，遂成为程门著名弟子。周行己两度在温州讲学，在松台山麓西射堂的旧址设浮沚书院，又在谢池坊建东山室，讲学授徒，使洛学在温州盛行，奠定了永嘉学派的基础。

陈傅良曾描绘周行己所居谢池巷的秀雅风光："安得谢岩题壁处，一尊相伴看芙蕖。"叶适在《周会卿（周行己孙）诗序》记："会卿居谢池坊，窟山宅水，自成深致。"又吟："谢家古池，水石照庐。

虽在城市，何异郊墟。"叶适孙辈叶杲作《东山堂》："平分谢池月，吾亦百年居。"

清雍正九年（1731），温州知府芮复传捐出官俸千两，购买民地，在积谷山麓谢公祠旁重建东山书院，并于次年落成。自此，东山书院从华盖山移至积谷山。书院由谢公祠堂入径，书院讲堂前绘谢灵运像。

乾隆二十四年（1759），东山书院迎来新的"全盛时期"，前后长达一百多年。1760年，山东名士孙扩图来东山书院执教，作《温州好·调寄忆

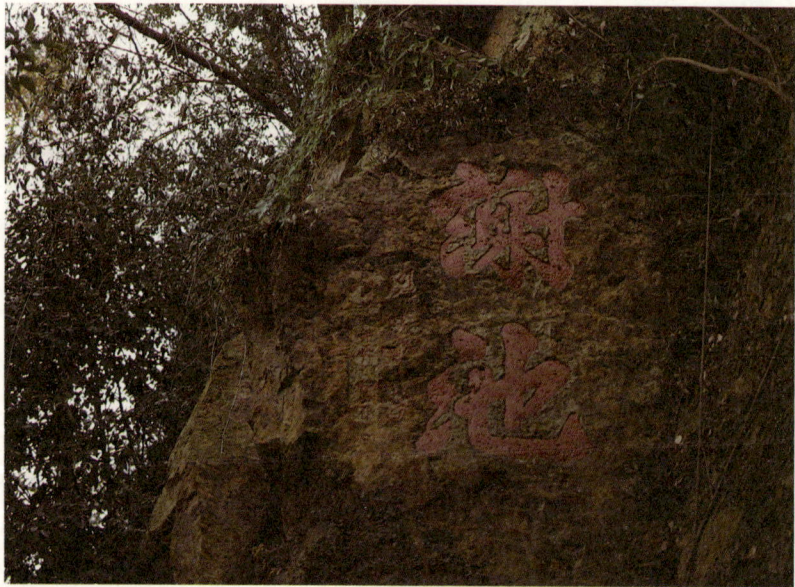

←
摩崖石刻：谢池

江南》十阕，其中一阕为东山书院作：温州好，书院讲堂开；邹鲁当年曾媲美，山川何地不生才？小别惜追陪。

1922 年，林铁尊任瓯海道尹，倡议修葺积谷山东山书院内的谢公祠，并在山腰添造一间楼房作为永嘉词人祠堂，附设瓯社，作为研究词学、讲学之地。社友有夏承焘、郑曼青、梅冷生等 10 人。积谷山岩壁上有一道独特的风景线——摩崖石刻。春草池东南巨石上，至今仍可见隶书"东山"等字。"瓯社"两字，在东山书院旧址岩壁上，隶体横书，清瓯海道尹林鹃翔书。

1921 年 3 月始，弘一法师在池上楼附近庆福寺内掩关修习，编四分律比丘戒相表记。"吾以永嘉为第二故乡。庆福为第二常住。"

上世纪 30 年代，夏承焘搬住谢池巷东山书院旁，以"谢邻"自号，思慕吟唱："谢池双屐，醉魂何路香逦。"

谢公风雅所披及积谷山、谢村、谢池巷文脉，此为记。

孤屿媚中川

这"诗之岛""史之岛""佛之岛",诗情与历史交织,塔寺与天水映照,梵音与潮声相融。游览江心屿,仿佛在千年的历史、绵绵的佛法、璀璨的文化、自家的后花园中穿越。

→
江心屿老照片 (资料照片)

江心孤屿立于瓯江中流。八百里瓯江汤汤东流，行经温州翠微山，绕开一道江岸大弧线，江面变宽，流沙冲积出两只东西长、南北窄的江中沙洲，宛在水中央。野旷天低，江流宛转，两山举双塔对峙于江岛两端，江心屿像一张秀逸的水墨画，印在郡城的封面上，书写着山水温州的第一美篇。

一、诗之岛

江心屿是诗之岛。

第一个到达孤屿的诗人，便是南朝谢灵运。

"乱流趋正绝，孤屿媚中川。云日相辉映，空水共澄鲜。"一首《登江中孤屿》，为孤屿播下了第一颗诗歌的种子。

此后，谢灵运常来孤屿行吟，几乎熟悉岛屿上每一只自由的飞鸟，一如唐诗人韩愈所吟："朝游孤屿南，暮嬉孤屿北。所以孤屿鸟，尽与公相识。"谢灵运笃信佛，翻译过梵文佛经，据传，他还与正在孤屿修行的西域高僧诺讵罗结为知交。

公元 423 年，谢灵运辞别温州。"谢公亭"因谢公而生，立于孤屿江岸，伴着瓯江，潮起潮落千百度。谢公亭坐落在西塔山下东南滨江处，六角攒尖顶，飞檐翘脊，黄色琉璃瓦，朱红圆柱，

↑
孤屿夕照（王志文摄）

↓
江心雪景（资料照片）

碑石上刻有气宇轩昂的谢公像。西峰山麓的水陆阁，明代重建时，取谢公诗中"澄鲜"两字，改名"澄鲜阁"。澄鲜阁依山临流，西傍古塔。登楼凭栏，可俯瞰谢公亭，一阁一亭两相呼应，每一阵江风都可吹起诗歌的记忆。

自谢灵运登临孤屿，开创了山水诗脉，孤屿从此声名大振。一条瓯江诗路上，一张张熟稔的大诗人面孔，穿过唐风宋雨，慕东南山水之胜，或登临或神游，为江心屿写下一首首流传千古的诗篇。

唐开元十三年（725），孟浩然 37 岁。欲以"终南捷径"入仕的孟浩然依然得不到朝廷重视，他便游于吴越，怅然寄情山水。

这年冬天，他特地来温州，看望"同隐鹿门山，为生死交，诗篇酬唱颇多"的老友张子容。张子容正贬为乐成县令，在城墙还没正式建筑的县城，怅然失意，"有时闻虎啸，无夜不猿啼"。

在途中，孟浩然便兴奋地写下《宿永嘉江寄山阴崔少府国辅》，其中"借问同舟客，何时到永嘉"句，将与老友喜相逢的轻快心情，倾洒而出。

张子容渡乐琯运河，先到达白象琯头，之后在永嘉乌牛码道的客栈（上浦馆地点，据南航先生分析）接待了久别重逢的好友。张子容带孟浩然游览了一江之隔的江心屿。

面对山水秀媚、故友情怡，孟浩然写下了既喜亦忧的《永嘉上浦馆逢张子容》：

逆旅相逢处，江村日暮时。
众山遥对酒，孤屿共题诗。
廨宇邻蛟室，人烟接岛夷。
乡园万余里，失路一相悲。

此诗得到了诗家盛赞。明代董其昌赞其"每一咏之，便习习生风"；清代纪晓岚赞其"雍容闲雅，清而不薄，此是盛唐人身份"。孟浩然因水土不服，除夕时节在温州大病了一场。待身体痊愈，又随张子容游览了几次孤屿。

第二年初春，孟浩然离开了温州。临别时，写了一首《永嘉别张子容》：

旧国余归楚，新年子北征。
挂帆愁海路，分手恋朋情。
日夕故园意，汀洲春草生。
何时一杯酒，重与季鹰倾。

其中"日夕故园意，汀洲春草生"句，至今镌刻在孤屿浩然楼前的石碑上，一千多年前的诗句，伴着潮打回声，见证相逢的浪漫和离别的忧愁。

在孤屿，浩然楼成为静听潮韵、饮酒吟诗的绝妙地方。浩然楼为三间重檐歇山顶木构建筑，临江面城，飞檐斗拱，曲槛回栏。伫立楼头，眺望鹿城，翠微笼翠，俯瞰瓯江，帆影弄潮，如画风景，尽收眼底。楼宇中间悬有"江城为画"匾额，又有清乾隆学使李芝令撰名联一副："青山横郭，白水绕城，孤屿大江双塔院；初日芙蓉，晓风杨柳，一楼千古两诗人。"

李白憧憬谢公游历，"且从康乐寻山水，何必东游入会稽"。在李白诗集中，有两首诗写到孤屿。其中《与周刚清溪玉镜潭宴别》写道："康乐上官来，永嘉游石门。江亭有孤屿，千载迹犹存。"另一首《送王屋山人魏万还王屋》写"眷然思永嘉""孤屿前峣兀"，似随魏万神游，其人未至。

杜甫年轻时曾有"吴越之游"，《送裴二虬蔚永嘉》一诗写道："孤屿亭何处？天涯水气中。"浩浩渺渺一瓯江，卓尔不群一孤屿，大诗人一下笔，确实雄浑沉郁。这是一首送别诗，送朋友裴虬赴

↑
浩然楼

↓
澄鲜阁

　　　　　Landscape of WenZhou　　　瓯　景

永嘉上任，末句"扁舟吾已具，把钓待秋风"，说等秋天再去看老友。秋风起时，杜甫的足迹踏过孤屿否？

据温州地方志记载，陆游曾当瑞安县主簿，并按谢公足迹，把温州古道走了一遍。赋有"至永嘉，无日不醉，诗亦屡作"。陆游曾夜宿江心寺，写下了豪情万千的诗篇："使君千骑驻霜天，主簿孤舟夜不眠。好与使君同惬意，卧听鼓角大江边。"

从溯瓯江而来的外来诗客到本土的永嘉四灵……吟咏孤屿的诗人可列出一张辉煌的长名单。题咏孤屿的诗歌近千首。历代诗篇佳句如：

云日相辉映，空水共澄鲜。（南北朝·谢灵运）

江亭有孤屿，千载迹犹存。（唐·李白）

孤屿亭何处？天涯水气中。（唐·杜甫）

众山遥对酒，孤屿共题诗。（唐·孟浩然）

使君千骑驻霜天，主簿孤舟夜不眠。好与使君同惬意，卧听鼓角大江边。（宋·陆游）

寺影一拳石，潮声四面风。（宋·张扩）

两寺今为一，僧多外国人。流来天际水，截断世间尘。（宋·永嘉四灵之徐照）

丛林忽涌中流地，双塔曾擎半壁天。（宋·林景熙）

半天灯火东西塔，一枕风雷上下潮。（宋·吴馹）

罗浮山下雪来未，扬子江心月照谁？（宋·文天祥）

衣沾炉气出，船载罄声还。（明·高启）

江山如有约，云水暂为家。（明·朱谏）

欲回天地波涛上，只剩河山涕泪中。（清·端木国瑚）

故国山河无半壁，新亭涕泪此中川。（清·陆耀遹）

归鸦洒墨高盘塔，征雁传书远入云。怜才红

袖嫌何少，交友黄金愧不多。（清·谷培宸）

偏安烽火日，何处有清辉？（当代·鞠国栋）

……

除了孤屿，似乎没有第二座岛屿，如此辉煌地泽披着"人类群星闪耀时"的诗歌荣耀。2004年，孤屿获得"中国诗之岛"称号。"诗之岛"三字由戈悟觉倡议，由著名书法家启功题写。镌刻着"诗之岛"的巨石，踞在澄鲜阁下的山径入口处，对着江边的谢公亭：诗之岛的开篇在此。

二、史之岛

温州自古是福地。从帝王、重臣到落难文人，每遭危难，一路风雨飘摇，多投奔温州来避难。

1130年，南宋初建不久；1276年，南宋将殁在即。在一个王朝的开端与终结，其君主竟都选择了孤屿作为流亡的避难所。小小江中一孤屿，承载了两段乱世沉浮史。

宋高宗赵构偏安临安仅半年，金兵就突破了长江防线，直扑杭州。1130年，高宗只好入海避敌，连除夕夜，也在海上飘飘荡荡。此时，高宗已经非常狼狈，据说一次靠船到寺院索食，得五枚炊饼，一口连吞三枚半。正月二十一日，宋高宗的船队至瓯江口青岙门（今洞头大门岛）。二十三日，溯瓯江而上，到达乐清琯头。二月初一（1130年3月28日），至江心屿，驻跸岛上。

那时孤屿，被中间川流分为东西两峰，隔水相望，还未相连。东岛有建于咸通十年（869）的普寂禅院及东塔；西岛有建于宋开宝二年（969）的净信讲院及西塔。高宗驻跸在东塔下"普寂禅院"，接见臣民，谋划复兴。

每当云日辉映，总有清辉笼罩着孤屿。喜爱

舞文弄墨的皇帝，惊魂稍定，御笔亲书四字："清辉浴光。""清辉浴光"旧为木匾，后来"浴光"两字遭毁，"清辉"两字翻刻成石碑，至今还保存在江心寺内。

高宗在江心屿住了 16 天，因孤岛悬于江中，生活起居不便，在温籍官员薛弼的建议下，于 1130 年二月十七日，从江心屿移跸温州城内。第二年，高宗回杭州。同年，高宗旨诏蜀僧青了禅师来孤屿主持东西二寺，青了率众抛石填川，两屿合一，并建中川寺，又名江心寺。

高宗正位临安后，提出开拓海疆、对外贸易，庇护过高宗的温州，受惠于政策，设立了管理对外贸易的机构——市舶司，温州港一跃成为南宋重要港口，出口的漆器、丝织品、蠲纸等都成热销的外贸商品。宋代杨蟠曾有《永嘉》诗作："一片繁华海上头，从来唤作小杭州。"

南宋末年，度宗纵欲而死，太后、全皇后被元俘虏。1276 年，杨淑妃带着两个王子赵昰、赵昺，辗转逃至温州，又落脚孤屿。淑妃见了寺中尚存的高宗御座与御笔"清辉"，感慨泣涕，"欲回天地波涛上，只剩河山涕泪中"。孤儿寡母在江心屿住了四个月，急投福州建海上临时政府。

另一边，文天祥逃出元营，九死一生，一路南下寻主，"独向江心挽倒流，忠臣投死入东瓯"。1276 年四月，文天祥来到江心寺时，淑妃已携二王子离开。

万里风霜鬓已丝，飘零回首壮心悲。
罗浮山下雪来未，扬子江心月照谁。
只谓虎头非贵相，不图羝乳有归期。
乘潮一到中川寺，暗度中兴第二碑。

←

孟浩然像

宋高宗

文天祥

文天祥的《北归宿中川寺》一腔孤愤，写国事动荡、复兴决心、臣子丹心，字字悲壮照汗青。文天祥在江心留了一个月，招募兵马，欲挽狂澜于既倒。抗元斗争以温州为起点，孤屿曾一度刀光剑影。

浩然楼，原建于文天祥祠前。文天祥有诗曰"于人日浩然，沛乎塞苍冥"，一说浩然楼因此句诗中"浩然"两字而得名。

浩然楼旁，是宋文信国公祠。大门两侧有一副对联，为清代阮元的诗句："侧身天地成孤注，满目河山寄一舟。"祠堂两进式结构，门厅和大殿加上两侧的廊屋组成四合院。两侧廊屋题文天祥诗作《过零丁洋》和《正气歌》。正殿上有"天地正气"四字匾额。文天祥坐像，身着青衣，手执书卷，气度浩然。

高宗驻跸孤屿那年，乐清梅溪青年王十朋，正借宿在孤屿净信讲寺，为功名苦读经史。当时"全愚堂"东轩，即是王梅溪读书处。19岁的王十朋，目睹了宋高宗离温时的仪卫场面，激动万分，写下诗句："北斗城池增王气，东瓯山水发清辉。"

时隔27年，王十朋和高宗再次相遇时，是在高宗的集英殿。绍兴二十七年(1157)，王十朋以"揽权"中兴为对，被宋高宗亲擢为进士第一（状元）。宋高宗御批"经学淹通，议论醇正，可作第一人"，官秘书郎。王十朋曾数次建议整顿朝政，起用抗金将领，为南宋一代名臣。

王十朋被传为美谈之一的，便是他为江心寺大门撰书的那副叠字对联：

云朝朝朝朝朝朝朝散，
潮长长长长长长长消。

书生到寺中借宿、势利方丈刁难求对联的故事，虽有似《故事会》的附会，却也有趣，妇孺传颂。单说这副极富音乐美的叠字对联，以一字之音变，幻化出万象缤纷，早潮起、晚潮落，朝云长、暮云消；又呼应《登江中孤屿》诗的"云日辉映""空水澄鲜"，联语与景语交融，再巧妙不过了！

在温州姆稚雅天真的童谣里，这对联的吟诵更是乡音妩媚可亲，引起多少人心底的绵绵乡愁！

三、佛之岛

这"诗之岛""史之岛""佛之岛""塔之岛"，诗情与历史交织，塔寺与天水映照，梵音与潮声相融。游览江心屿，仿佛在千年的历史、绵绵的佛法、璀璨的文化中穿越。"四面烟波，几疑蓬岛移来，金山飞到；一龛香火，剩有蜀僧圣迹，宋跸遗踪。"

唐宋之际，温州佛教昌盛，高僧辈出。据清乾隆《温州府志》记载，温州有高僧79人，来江心屿的达60多位。南宋徐照诗"两寺今为一，僧多外国人。流来天际水，截断世间尘"，写的便是青了抛石填川后，海天佛国高僧如云的一派景象。在南宋陈则翁《江心寺》诗中，亦可回顾江心寺佛国的钟声："谁把袈裟筑半江，依云楼阁打天钟。东西塔上自分屿，风雨秋中或见龙……"

清代江心寺大雄宝殿修葺完毕，乾隆御笔一挥，题下"圆通殿"如斗大字高悬殿前。1929年，弘一法师来到江心修炼，在江心寺内留下"智慧照十方庄严诸法界，大慈念一切无碍如虚空"的稀世楹联。在江心寺期间，弘一法师静心创作《护生画集》中的诗文部分。与沪上丰子恺、李圆净书信往来，则盼附："以后寄信件等，乞写温州'麻行门外江心寺弘一'收为宜……"但江心寺不通邮，后信件要寄到温州城内某豆腐店，待岛上有人渡

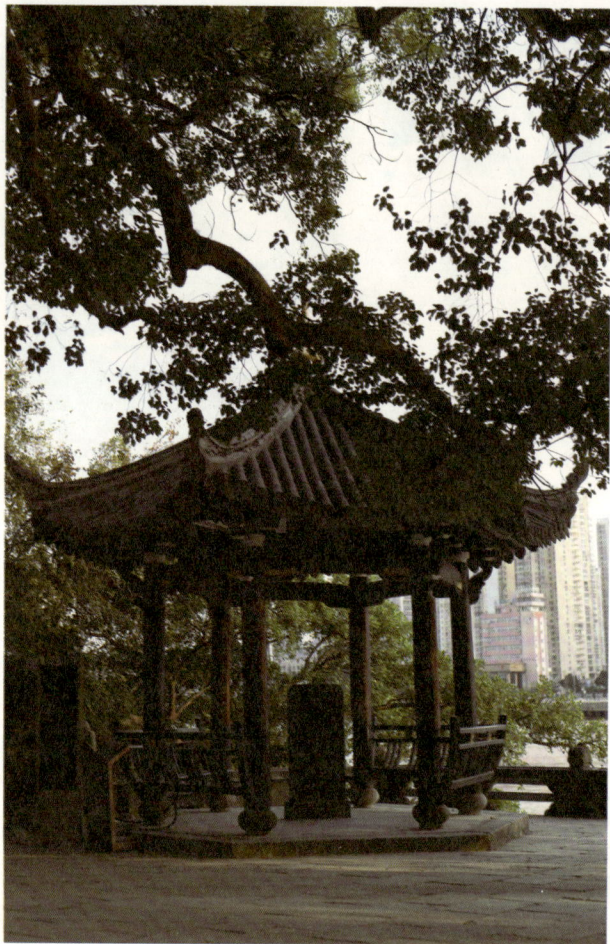

↑
谢公亭

↓
诗之岛（启功题）

→
英驻温领事馆

孤屿媚中川   31

江去买豆腐，才可取信。故《护生画集》两地编集，往往一月内才有一次书信往返，弘一法师又事事尽善，费尽心思。画集编成，精诚所至!

1933年，毛廷权从厦门大学文学系结业，毅然出走，在江心寺皈依，剃度为僧，法名东衡，自号木鱼，时年24岁。1985年，木鱼法师出任江心寺修复委员会主任，着手募资修建。历时6年，工程告竣，木鱼任方丈。自住持江心屿以来，法师教理圆彻，戒行精严，并潜心著述，以《孤屿明灯录》《沧海吟余》诗文酬世，盛世伟才，佛门巨子，一邑敬仰。

四、古航标与后花园

江心屿是古航标。"浮图矗立入云霄，千载倾听万里潮。引领征帆归故国，名扬世界古航标。"海上来的船舶遥见东西两塔对峙挺拔，便知海门在望，将到含珠放光的温州城。明朝皇甫汸的诗《永嘉登江心寺》既写意又写实："双塔峙琳空，结天一水中。回看云岛合，直与海门通。"当夜航人在黑暗的漂泊中望到江心的塔灯闪耀，孤独的航行便有了即将抵达的温暖。那塔灯，从双塔上用竹竿挑出，灯火彻夜长明。

江心屿美如画卷。"江心十景"幅幅宜诗宜画：春城烟雨、瓯江月色、孟楼潮韵、远浦归帆、沙汀渔火、塔院韵风、海眼泉香、翠微残照、海淀朝霞、罗浮雪影。自然秀美、人文厚重的孤屿，与厦门鼓浪屿、台湾兰屿、漳州东门岛并称中国四大名屿。

江心屿更是温州人自家的后花园。一如戈悟

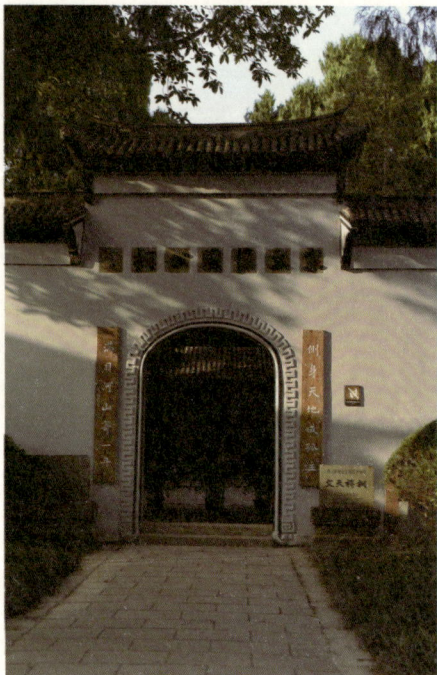

←
宋文信国公祠

觉先生所说："早年，我在家乡上学的时候，休息时爱说，'去江心嬉'。"岛上处处留存着温州人游览的记忆：西塔身 42 个檐角的铜风铃常送清声；东塔塔顶那棵自然生长 100 多年的榕树，无土培植，根垂塔中，全年常绿；1894 年在东塔山下建造的英国驻温领事馆，青砖拱门，在古树掩映下古色古香。传教士苏慧廉在甲申教案发生后，曾暂宿江心屿英国领事馆内。其妻路熙在回忆录《中国纪行》中，曾用一个章节，记录了他们一家在江心屿上 6 个月的生活。1956 年至 2006 年，领事馆曾改造成工人疗养院，许多温州家庭入住夜宿，在夜晚里枕着涛声入眠，送走满天星月，迎来朝霞满江，江风习习，波涛声声，何其诗意。你总有几张儿时的照片，或站在东塔下，或站在七宝石塔旁，或站在樟抱榕古树下，或站在九曲桥边，甜甜笑，那纯真年代的笑容，构成一代人的集体记忆！

"呜……"麻行码头的渡轮汽笛声响了，人群如潮水般涌上轮船。这呜呜的汽笛声，是回响在温州人耳畔的熟悉乡音，存于记忆中挥之不去。当渡轮缓缓驶出，在瓯江上颠簸着，东蒙山、罗浮山的山影随船浮动。顷刻间，岛屿慢慢近了，锚一抛上岸，人潮又纷纷涌上高耸的浮桥，去往云日相辉映的江心屿，去往温州人最美的后花园。

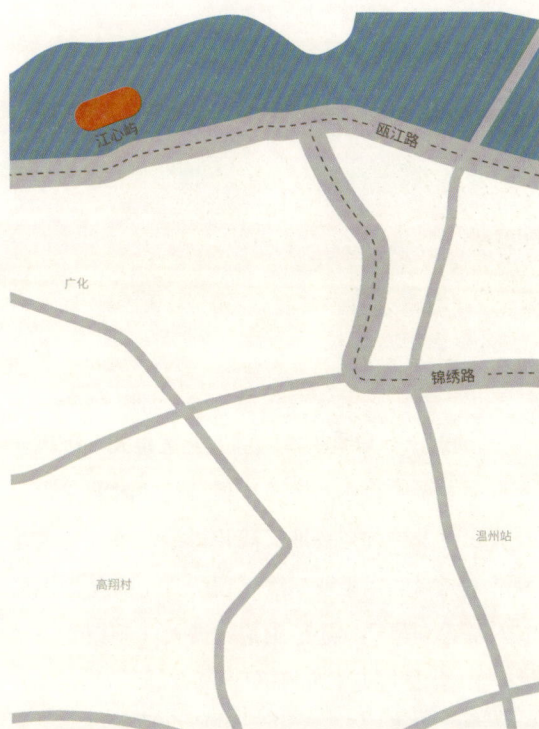

欲写龙湫难着笔
不游雁荡是虚生

"别的瀑布只是瀑布，而大龙湫是龙。因风作态直下袅娜两百米，谁能比得过？四时朝夕阴晴雨雪它有多少种姿容谁又能说得清？所以与大龙湫结生死缘的诺讵罗始终不留一言，而无数世俗文人饶舌到最后，还是由清代诗人江弢叔的一句话作了结：欲写龙湫难着笔！"

→
羊角洞（陈尚云摄）

一、大士瞻讵罗

雁荡山初名"芙蓉山"。"雁荡"之名，始于初唐高僧、天文学家一行。他在画天下山川图时，说过"南戒山川尽于雁荡"。唐和尚怀素也有"雁荡"之说。怀素《与律公书》载："雁荡，自古图牒未尝言者。山顶有大池，相传为雁荡。下二潭，为龙湫。山南有芙蓉峰，下有芙蓉驿。"《西竺经》云："诺讵罗尊者居震旦东南大海际，山以鸟名，村以花名。"据斯里兰卡庆友尊者著的《法注记》，诺讵罗为十六罗汉中的第五尊者。

关于诺讵罗开山，有一个"花村鸟山"的因缘故事。诺讵罗云游四方时，其师语之："若行四方，当值胜妙山水，起塔立寺。花名村，鸟名山，则其地也。"诺讵罗率领三百徒众，长途跋涉，游历四方。一天，他们来到一座大山脚下，只见峰峦叠嶂，杂花生树，心中大喜。便问田间老父："所居云何？"曰："芙蓉村。"又问："山云何？"曰："雁山。"诺讵罗听后恍然大悟："是吾师所语我者，吾于此乎老矣。"

于是，诺讵罗率弟子入山，过四十九盘岭，沿锦溪溯游而上，过剪刀峰，抵达连云嶂大龙湫，

建芙蓉庵（今罗汉寺前身），面龙湫水瀑而居，竟日于高阜上趺坐观瀑。唐僧贯休曾梦见诺讵罗尊容，醒来画诺讵罗像，并写有《诺矩罗赞》："雁荡经行云漠漠，龙湫宴坐雨蒙蒙。"

大龙湫落差197米，素称天下第一瀑。龙湫水从连云嶂高巅飘洒而下，一水荡空，万古蒙蒙。相传诺讵罗终日在龙湫宴坐，凝目飞瀑，久久仰望，袈裟尽湿。一日，忽闻空中一人断喝："潭下水同，何必仰视！"诺讵罗蓦然低下头来，俯视深潭，山巅所注，别为一川。谷风传响，涧水流声。风吹过树林，但没有一片树叶回到枝梢。诺讵罗旋即瞑目坐化。

诺讵罗与大龙湫生死相依，其徒为他立塔寺，在高阜观瀑处建"观瀑亭"。后人尊诺讵罗为雁荡的开山祖师。西内谷中宴坐峰、经行峡与观瀑亭，皆因诺矩罗而名。

"潭下水同，何必仰视！"这一段禅悟，如龙湫飞瀑，激荡心怀。此后无数个穿山越岭来观瀑的人，痴嗔贪恋久久仰望，又因诺讵罗的顿悟而思绪纷纷。

宋代诗僧释文礼从天目山来，跋山涉水身入名山，遥想着诺讵罗当年仰视龙湫，袈裟尽湿，写下一首诗："秋来归去雁山阿，为问龙湫诺讵那。贪看高崖千丈雪，伽梨打湿竟如何？"这"贪看"及"伽梨打湿"，如绘画面，诺讵罗当时观瀑神貌毕现。宴坐高僧尚怀执着贪恋，何况我等凡人！

诺讵罗飞锡龙湫更像是一个佛教传说，却给雁荡山镀上了第一道回荡千年的传奇底色。

二、骚人思谢公

公元423年，几乎踏遍永嘉山水的谢灵运，

← 谢灵运

汤显祖

在雁南斤竹涧的急流险滩上，经历了一次步步惊心的探险，写了一首《从斤竹涧越岭溪行》："过涧既历急，登栈亦陵缅。川渚屡径复，乘流玩回转……"虽路阻且长，太守仍玩兴甚酣。在谢灵运的《游名山志》里，亦有斤竹涧的记载。但谢灵运对雁荡山的探险之旅似乎止于斤竹涧，在他二十多首吟咏温州山水的诗歌中，似乎再没有第二首是吟咏"雁荡山"的。这对于山水一程诗歌一首的谢灵运来说，颇可讶异。谢灵运究竟有无深涉过雁荡山的腹地？

从水涨向西，经雁东过东石梁洞，进入雁荡山灵峰，有一座小岭，为东内岭与东外岭的分界岭，名"谢公岭"。岭上有三间路廊，名"落屐亭"。周守华《雁荡人文风采落屐亭》载："南朝宋时著名诗人谢灵运任永嘉太守时，曾到过风光奇秀的雁荡山。他渡清江从斤竹涧越岭溪行，因山径崎岖，于是舍南路经神子溪、白溪从东南入山，过白箸岭而北至此。由于康乐蜡屐所曾至，因名谢公岭。"又传谢灵运翻越谢公岭时，在山高水长间流连风光，不慎掉了一只"谢公屐"。因有"落屐亭"。

南宋永嘉知县蔡戡在《雁荡》诗中写道："雪生半岫轻随足，泉落空岩急打头。却恨昔贤无辙迹，谢公岭上更迟留。"清代浙江巡抚阮元《度谢公岭望老僧岩》诗："谢公慧业早生天，屐齿曾经到岭前。峰上丈人犹化石，不知成佛更何年？"皆为追思谢灵运的"雁荡踪迹"。

谢公岭、落屐亭是否真因谢灵运到过而得名？古人却早已颇多质疑。清代曾代理乐清知县的郭钟岳在《雁山游览记》中说："岭有落屐亭，谓谢公落屐处。按康乐东游，止于斤竹，此岭此亭，得毋好事者托名于康乐乎？"并作《谢公岭》诗："谢公昔未来，蜡屐止斤竹。料因此山佳，托名不欲俗。"《广雁山志》卷一《山总·山岭》："谢公，

人多指灵运，唯元李五峰有岭东谢氏之说。考岭东旧有谢家岙，岭必为岙人所作，五峰说为近是。（按此岭为东谷内外之界，康乐如果至此，目中所见，岂肯放过，渡涧尚且有诗，过岭独无一语，大是疑团，得李五峰之说，为之释然。）"

历代诗人也多有断言谢灵运未到过谢公岭。梁章钜《雁山游禁体》长诗："熟闻永嘉山水滋，独此当时非辈行。谢客开山所未及，居然游福与之抗。谢公岭本别一谢，耳食附会殊孟浪。惜无同怀客共登，此语分明寄遥怅。"方鼎锐《谢公岭》诗："谢公虽好游，未涉此山巅。我来恣周览，临风怀古贤。"

沈括在《梦溪笔谈》里解析："谢灵运为永嘉守，凡永嘉山水，游历殆遍，独不言此山，盖当时未有雁荡之名。"进而分析了雁荡山的地势特点："既非挺出地上，则为深谷林莽所蔽，故古人未见，灵运所不至，理不足怪也。"

果真是旅行家太守来得太早而无缘养在深山人未识的雁山奇秀？若从谢氏诗歌取证，除斤竹涧一诗外，的确无雁山的片羽。哪怕是初名"芙蓉山"三字，在谢诗中亦不曾提及。倒是有说谢灵运《游名山志》佚文提及"芙蓉山有异鸟，爱形顾影不自藏，故为罗者所得，人谓宅鸟宇鸟"——但此处"芙蓉山"究竟是指雁荡山还是谢氏常去的永嘉芙蓉崖？莫衷一是。

斤竹涧就在大龙湫景区外围。设想谢公若曾经登临龙湫，桀骜不驯的诗人见高山巨瀑天上来，该会如何的"俱怀逸兴壮思飞"，在美的震撼下，丽词泉涌，又将吟出何等锦绣诗篇！然而，没有。

不管如何，谢灵运终究只是一个匆匆过客。所以，开山祖师的位子，还是留给了传说中的高僧诺讵罗。

三、李孝光遇见最美龙湫

家住雁荡山北麓田岙村的元代文学家李孝光，似乎比过客谢灵运幸运得多。近水楼台先得月，李孝光每年必有三四次进山观瀑，每次看到的大龙湫各有其美，形态不尽相同。

李孝光（1285—1350），号五峰，后代学者多称之为"李五峰"，文章负名当世。其诗与绍兴杨维桢齐名，名擅一时。元时曾流传"前有虞（虞集）范（范椁），后有李（李孝光）杨（杨维桢）"。李孝光的游记《雁山十记》是元代山水散文的精品，堪比柳宗元《永州八记》。其中《大龙湫记》，更是成为经典名篇，至今读来仍是气象万千，涤荡胸怀。

李孝光看过无数次大龙湫。只有元成宗大德七年（1303）八月那次看到的最为壮美。八月西风大作，连日苦雨滂沱，水势沛沛森森，未入谷中，先闻巨响，"闻大声转出谷中，从者心掉"。至龙湫瀑前，"仰见大水从天上堕地，不挂着四壁。或盘桓久不下，忽迸落如震霆"，"山风横射，水飞着人，走入庵避，余沫进入屋，犹如暴雨至。水下捣大潭，轰然万人鼓也，人相持语，但见口张，不闻作声"。"壮哉！吾行天下，未见如此瀑布也！"

巨瀑深潭，雷霆万钧，动人心魄，李孝光的胸怀也激荡成一挂急湍飞瀑了！此后，李孝光又多次入山观瀑，每年一至，常在九月。每次意欲再遇最美的龙湫。但龙湫至十月就水缩，"勃勃如苍烟"。再没有一次，能比得上大德七年的那一次瀑布那般气吞山河，那般激荡心魄！世上最美，可遇不可求！

即便是以妍丽浪漫笔墨写出不死情爱传奇《牡丹亭》的汤显祖，在明万历二十五年（1597）从遂昌来温州访友观瀑，从剪刀峰峰回路转，大龙湫赫然在目，彼时瀑布，也仅是"婵媛""静妍"，如烟似霞挂于连云峰嶂。汤显祖作《雁山大龙湫》诗：

坐看青华水，长飞白玉烟。

洞箫吹不去，风雨落前川。

正如许宗斌先生在《大龙湫的面目》里写道："翻江倒海雷霆万钧的是龙湫，淅淅沥沥潇潇洒洒的是龙湫，飘飘悠悠缠缠绵绵的是龙湫，四时各异，晨昏各异，阴晴雨雪各异。"一千个诗人心中有一千条龙湫，一百个画家笔下有一百条龙湫。这也正是"欲写龙湫难着笔"！

李孝光所遇见的壮美巨瀑，大概只有用脚步丈量土地的旅行家徐霞客能再遇见。徐霞客是拿生命来游历并考察雁荡的，堪称"雁山第一牛的驴友"。在徐霞客的《游雁宕山日记》里，曾这样记录汪洋大雨后的大龙湫："怒涛倾注，变幻极势，轰雷喷雪。"

四、徐霞客的三次雁荡之行

明万历四十一年（1613）四月，徐霞客第一次来雁荡山。他带了两名家仆，从盘山岭（今属天台）步履不停进入雁荡山。自岭上一望，"雁山诸峰，芙蓉插天，片片扑人眉宇。"徐霞客心中大喜。

徐霞客初见龙湫之瀑，"轰然下捣潭中。岩势

→
龙湫所注，别为一川。（朱永春摄）

无水不飞翻（陈尚云摄）

欲写龙湫难着笔　不游雁荡是虚生

开张峭削，水无所着，腾空飘荡，颇令心目眩怖。潭上有堂，相传为诺讵罗观泉之所。堂后层级直上，有亭翼然面瀑"。

那日"雨廉纤不止"，"然余已神飞雁湖山顶。"在徐霞客到访之前，县志、山志基本上都采用沈括《雁荡山》之说，以为大龙湫水来自雁湖。为探龙湫源头，徐霞客从连云峰出发，风雨兼程进行了一次险象丛生的探险之旅，然而，一开始就是错误，代价更大——差点丧命！

徐霞客带家仆冒雨连翻连云巅三座险峰后，"山愈高，脊愈狭，两边夹立如行刀背。又石刀棱棱怒起，每过一脊，即一峭峰，皆从刀剑隙中攀援而上"。

欲返回原路，绝境已无退路，"俯瞰南面石壁上有一级，遂脱奴足布四条，悬崖垂空，先下一奴，余次从之，意可得攀援之路。及下，仅容足，无余地。望岩下斗深百丈，欲谋复上，而上岩亦嵌空三丈余，不能飞陟。持布上试，布为突石所勒，忽中断，复续悬之，竭力腾挽，得复登上岩，出险，还云静庵"。

以四条纤纤裹足布绑身，求生于百丈悬崖，布条屡被尖石削断，差点丧命深渊！魂儿吓得嘎嘎抖啊！"主仆衣履俱敝，寻湖之兴衰矣。"

惊魂甫定，回到龙湫。龙湫水以最壮丽的景观馈赠这个拿生命进行探索的旅行家："积雨之后，怒涛倾注，变幻极势，轰雷喷雪，大倍于昨。坐至暝始出，南行四里，宿能仁寺。"

时隔 18 年后，崇祯五年（1632）早春，46 岁的徐霞客壮志未已，第二次游雁荡。但奇怪的是，徐霞客这次来雁荡山没有写下日记。

一个月后，徐霞客第三次来雁荡山。这次，志在必得，徐霞客从石门攀援而上，历经千难万险，到达了雁湖冈，冈上有六洼，洼间芦苇飘荡，雁湖也。徐霞客写了一段漂亮至极的文字："四望白云，迷漫一色，平铺峰下。诸峰朵朵，仅露一顶，日光映之，如冰壶瑶界，不辨海陆，然海中玉环一抹，若可俯而拾也。"徐霞客考察了雁湖水的走向，勘正了"龙湫水源自雁湖"的谬误。他发现，

←

徐霞客

袁枚

雁湖水往南，或自石门，或下泻为梅雨瀑、宝冠瀑，往北则分流为雁荡阴者诸水，"皆与大龙湫风马牛无及也"。

五月初四，他从罗汉寺出发，沿连云嶂之左、道松洞之右拾级西上，"负梯破莽"，"引绳援树"，"当石削不受树，树尽不受履处，辄垂藤下"，冒着葬身崖壑的危险，攀登上雁荡山绝顶百岗尖，终于找到了大龙湫的源头："宕在山顶，龙湫之水，即自宕来。"

徐霞客被后世誉为山川赤子、千古奇人。钱谦益对《徐霞客游记》有非常高的评价："世间真文学，大文字，奇文字！"相比较于玩赏风光沉迷趣味的才子文章，《徐霞客游记》饱含了生命的热度与真理的厚度。徐霞客行走于山川大地，手攀星岳，足蹑遐荒，以一种求真务实的科学探险精神，穷迫事理、载文记游。酷爱捕捉蝴蝶的俄裔作家纳博科夫曾因捕蝶而摔入山谷，他说："读书人的最佳气质在于既富艺术性，又重科学性。"此话可作纳氏自评，也可用来评价徐霞客。

至于晚明王思任的雁山游记，则十分好玩有趣："雁荡山是造化小儿时所作者，事事俱糖担中物，不然，则盘古前失存姓氏，大人家劫灰未尽之花园耳。"诗人余光中在游览雁荡山后，把此话诠释为：雁荡山是大地幼年时的玩具，山中每一景都是捏糖人糖担子上卖的'糖图儿'，要不，就是盘古开天辟地之前的无名氏巨人族，遭遇火山浩劫之前花园中的盆景……

文学的绮丽想象，诞生于纸上。科学的求真探索，则是发生在大地上的踏刃而行。于是，人们永记这个在雁山巅踏刃而行的科学家、旅行家——徐霞客的雕塑，矗立于灵岩景区的双珠谷口。

五、袁枚的壬寅浙江之行

清乾隆四十七年，阴历壬寅年，袁枚67岁。曾有一位算命先生给他算了两卦：一、60岁会得子。二、70岁会作古。第一卦灵验了，在袁枚63岁时，一树梨花压海棠，他得了生命中姗姗来迟的唯一儿子——阿迟。于是，他担忧起第二卦也会一语成谶。一生好美食、美色、美服、美景的袁枚，决意要拽住生命的那截虚无而华丽的尾巴，走访名山大川，增加生命的厚度与广度，不虚此生。壬寅年正月，袁枚扔下几行诗："自觉山人胆足夸，行年七十走天涯……"暂别了南京小仓山下的随园，开始了四个月的浙江之行。

袁枚此次壬寅浙江之行，从杭州到天台，经黄岩入雁荡，一路峰回路转，先后观看了三个风格迥异的瀑布。第一瀑，天台山石梁瀑。第二瀑，雁荡山大龙湫。第三瀑，青田石门瀑。在他的散文名篇《浙西三瀑布记》中，他折服于自然的伟丽，开篇即叹道："甚矣，造物之才也！同一自高而下之水，而浙西三瀑三异，卒无复笔！"

相较于石梁瀑的"武"、石门瀑的"喧"，袁枚似乎更钟情于大龙湫的"仙"——"水亦变化如飞仙"。袁枚对大龙湫的描绘，是三瀑中笔墨最多的，文采飞扬，神韵流转，堪称"笔携风雷卷巨澜"！

后十日，至雁荡之大龙湫。未到三里许，一匹练从天下，恰无声响。及前谛视，则二十丈以上是瀑，二十丈以下非瀑也，尽化为烟，为雾，为轻绡，为玉尘，为珠屑，为琉璃丝，为杨白花。既坠矣，又似上升；既疏矣，又似密织。风来摇之，飘散无着；日光照之，五色映丽。或远立而濡其首，或逼视而衣无沾。其故由于落处太高，崖腹中洼，绝无凭藉，

↑
百岗尖（陈尚云摄）

→
雁山云影（陈尚云摄）

欲写龙湫难着笔　不游雁荡是虚生

不得不随风作幻；又少所抵触，不能助威扬声，较石梁绝不相似。大抵石梁武，龙湫文；石梁喧，龙湫静；石梁急，龙湫缓；石梁冲荡无前，龙湫如往而复：此其所以异也。初观石梁时，以为瀑状不过尔尔，龙湫可以不到。及至此，而后知耳目所未及者，不可以臆测也。

袁枚曾自许："仆诗兼众体，而下笔标新，似可代雄。"大龙湫的雄山逸水，激发了袁枚的诗兴，散文、古体诗、近体诗，兼有涉及，洋洋洒洒，绘声绘色，真做到了"下笔标新，似可代雄"。在诗歌《观大龙湫》中，袁枚对大龙湫的千般幻化作了极尽浪漫的想象：

> 龙湫山高势绝天，一条瀑走兜罗绵。
> 五丈以上尚是水，十丈以下全为烟。
> 况复百丈至千丈，水云烟雾虽分焉。

初疑天孙工织素，雷棱抛掷银河边。
继疑玉龙耕田倦，九天咳唾唇流涎。
谁知乃是风水相摇荡，波回澜卷冰绡联。
分明合并忽迸散，业已坠下还迁延。
有时软舞工作态，如让如慢如盘旋。
有时日光来照耀，非青非红五色宣。
夜明帘献九公主，诸天花散维摩肩。
……
化工事事无复笔，一瀑布耳形万千。
要知地位孤高侪傍少，水亦变化如飞仙。

梁章钜对袁枚此文赞赏有加，以为"尽态极妍，足以醒人耳目"，"盖非此如椽之笔，不能传出大龙湫之全神"。学者吴鹭山严谨，则认为除首四句尾四句外，"其余的描写皆不免铺张拖沓，殊欠剪裁"。

不过，性灵派的袁枚确实很懂龙湫之美。龙

←
江弢叔

湫之美正在于"随风作幻"的气韵。人观之,则神随形动。

龙湫摩崖石刻中有"千尺珠玑"一款四字,为崖刻中尤其秀逸。千尺珠玑之水从千丈连云峰飞泻而下,"崖腹中洼,绝无凭藉",飘若浮云、矫若惊龙,其美犹如晋人的书法、唐人的舞剑,自有一股激荡的"神韵"与呼啸的"剑气"。

六. 江弢叔的名联

最懂龙湫之美,深谙"大美难状""意态由来画不成",并以夏夏独造的诗才吟出龙湫名句名联的,当然还有江弢叔。

清代"苦命诗人"江弢叔,曾于咸丰十一年来温交游,并于同治三年初在乐清翁垟任长林场盐课大使,先后两次游雁荡龙湫。

自哀"天赋清才不登上寿,诗追变雅自居古人"的江弢叔,别署龙湫院行者,被誉为咸、同年间的诗雄,著有《伏敔堂诗录》十五卷。工书、善画、能诗文,"古近体无一切谐俗之语错杂其间,夏夏乎超出流俗"。晚清著名词人薛时雨称赞其为"通才"。连眼界甚高的钱钟书在《谈艺录》中也说:"至作诗学诚斋,几乎出蓝乱真者,七百年来,唯有江弢叔。"

文章憎命达,魑魅喜人过。江弢叔也未逃脱诗人的这种蹇运。江弢叔仅活了49岁。少年时屡试不举;中年后,营升斗于微官,犯兵锋于道路,父母、妹妹皆丧生于太平军兵乱。时人称其为命途多舛的"小官吏,大诗人"。赵之谦喟叹他为"江南畸人,浙江小官"。

骨肉死别,穷困潦倒,江弢叔两次都是在惨兮兮的心境中游雁荡。大概是百二奇峰太令他心驰神往,江弢叔暂忘了悲痛,写下不少璀璨的诗篇。

在骚体诗《大龙湫题壁》中,江弢叔写道:"嶂连云兮四周,仰飞瀑兮从天来……非龙湫之宴坐将余生兮焉归?"时江弢叔正值家难,他发愿在龙湫下觅地结庐,欲宴坐超脱,了此残生。

虽宴坐的夙愿未竟,但江弢叔与雁荡结下了不解之缘,为雁荡山题诗十三首、作联四副、作画若干幅。其联副副精彩绝伦,广为流传。

第一副:"欲写龙湫难着笔;不游雁荡是虚生。"此联雄丽,深谙龙湫之"大美难状",题在其自画的《龙湫图》,后来,江弢叔把这幅画赠送给志趣相投并视为知己的柳市高园文友黄梦香。由此,这两句诗便在温州流传开来,成为雁荡山的招牌名联。书法泰斗沙孟海书写此联,现镌刻于雁荡山山门牌坊;一代词宗夏承焘书写此联,曾挂于灵岩寺。

第二副:"雁荡无卧石;龙湫若悬河。"两句皆为神来之笔,白描典范,笔下有画。此联赠赵之谦。

第三副由赵之谦书:"怕踏红尘,向龙湫濯足;欲消白日,来雁荡为僧。"可见江弢叔对雁荡情有独钟,屡屡视为世外归宿。

第四副:"雁荡自奇,不附五岳;龙湫所注,别为一川。"向来言雁荡必先举龙湫,龙湫为雁荡第一胜景。

江弢叔对雁荡的感情,可谓深矣。多年后,异乡漂泊的江弢叔因听雨而思龙湫,仍念念不忘在龙湫结庐宴坐的愿望,特意写了《大龙湫》:"卧听檐下瀑,想到大龙湫。得知一霄雨,知舔万丈流。状声应入梦,遥忆亦消愁。莫负山人约,茅庵为我留。"

七、蒋叔南的家山事业,康有为的摩崖石刻

清桐城派散文家方苞来雁荡山时,雁荡山已

↑
摩崖石刻（陈尚云摄）

千尺珠玑（陈尚云摄）

→
观瀑亭（朱永春摄）

有点荒芜了："按图记以求名迹，则芜没者十之七矣。"

方苞写了两篇游记，从此雁山名胜在桐城派古文中亦占一席之地。

清末民国初，雁荡山曾经一度破败寥落。民国大荆名士蒋叔南，"一生事业在名山"，重兴雁山现代旅游，重建景区、修复名迹、编印摄影集宣传，邀请各界名流来考察，对扩大雁荡山的知名度与美誉度，起了巨大的作用。

蒋叔南喜欢旅游，他曾说："人生斯世，扰扰尘寰，终日埋头窗下，所为何事？欲图行乐，山水最佳，奇峰峭壁自尊骨骼，怪壑古洞能消鄙吝，飞瀑奔流可增活泼，深潭巨渊能资涵养，见智见仁，不徒广耳目闻见，饱风霜阅历已也。"蒋叔南常带着十二倍望远镜一副、照相机一架、紫竹箫一支、李白诗一部、雨衣一件、芒鞋三双、白兰地两瓶……遍访名山大川。结集有《蒋叔南游记》。其游记"按日计程，遇物即书。所记曾经各山形势，无一字不实不尽者"，体例类徐霞客游记。梁启超

称誉蒋叔南为"徐霞客第二"。

在方韶毅先生的《半卷蒋叔南》一文中，记录了一件轶事：据吴虞日记（1927 年 9 月 21 日）载，当时有报纸报道，戎马倥偬的蒋介石，平日爱山爱书，随身所带的三本书中，除《曾文正全集》和《兴登堡成败鉴》，第三本竟是《蒋叔南游记》，得闲时常翻阅。

蒋叔南与蒋介石有同窗之谊。1907 年，蒋叔南从浙江武备学堂选送到保定陆军速成学堂第一期骑科，与蒋介石、张群同学，接受正规的军事教育。民国成立，他随蒋介石到宁波招兵，任沪军招兵指挥部参事室主任，南北议和之后，他到绍兴任浙江省第五区禁烟监督。1913 年，他被袁世凯任命为大总统府军事处谘议官时，正值而立之年。到 1915 年 8 月，袁氏称帝的图谋日益彰显，他自请解甲，归隐雁荡。

蒋叔南隐居于"清静为全山第一"的仰天湖畔，在斋庐"仰天窝"里"著书自娱"。在他隐居雁山的 17 年，重兴灵岩寺，建亭大龙湫，筑屏霞庐，

←
康有为

→
从百岗尖望向观音峰（陈尚云摄）

修谢公岭，募集筑路款项，建设公路栈道，还将自己半生的积蓄用于雁荡的文物古迹维修及铺桥修路事业。时人称之为"雁荡山中兴主"。

他邀请张元济、蒋维乔、傅增湘、庄蕴宽、张一麐、林琴南、李拔可、高梦旦、高鹤年、钱名山、李佩秋、康有为、梁启超、屈映光、黄宾虹、赵叔雍、黄炎培等数十批次有识之士来雁荡山旅游，名家题诗、赠联、绘画、摩崖碑刻，为雁荡山留下了一笔珍贵的文化艺术遗产。名山与名家交相辉映，增添了浓郁的诗情画意。

民国十三年（1924）2月，康有为带着一班门生，从天台入大荆，在蒋叔南家逗留两天后，冒着风雨游览了雁荡山，登临了雁湖，触景感慨生平事，写下一诗：

> 日日穿云欲上天，天台华顶雁湖边。
> 奇峰崭绝犹发愤，险境频经只自怜。
> 康乐清娱误山贼，孙登长啸是神仙。
> 去年归自华嵩岱，终日看山不肯眠。

康有为后来为蒋叔南《雁荡山志》作序时，记下了这次雁荡之游的足迹："问斤竹之涧，逾马鞍之岭，听龙湫之瀑，登雁湖之巅，入灵峰之奥，千岩万壑，竞秀争流……丘壑之美，以吾足迹所到，全球无比，奚独中国也。"康有为雁荡之游留下了20多件墨迹题刻，分为诗歌、楹联、摩崖匾额三类。

康有为游大龙湫时，惊叹于飞瀑的苍茫气势，题写了"白龙飞下"四字。连云嶂西壁上，"白龙飞下"一块摩崖石刻，高333厘米，宽135厘米，四个大字正书，直写，遒劲潇洒。左款"甲子二月偕屈映光姚琮陈最张锦文蒋希召蒋季哲同游天游化人康有为"。康有为在书法上力倡北碑，求粗拙、浑厚，长撇大捺，气势开展，取汉人古意，自成"康体"。这气势苍劲的"白龙飞下"，可见天游化人老夫不减少年豪迈！

八、民国风雅

胡兰成在《今生今世·雁荡兵气》一节写到雁荡与龙湫。

胡兰成1941年逃难至温州，化名张嘉仪，与温州籍女子范秀美结成夫妇，住在九山窦妇桥（今胜昔桥）的旧宅里。后结交了名士刘景晨，自荐文稿，博得刘景晨青睐，引荐给夏承焘与吴鹭山，被举荐到温州中学教国文。其后辗转到雁荡大荆的淮南中学任教务主任。其时淮南中学的校长是吴鹭山的亲家翁、大荆世家仇约三。

胡兰成在此间便提到了雁荡山与大龙湫：

"雁荡山是水成岩，太古劫初成时，海水退落，至今岩崖百丈，上有贝螺之迹。这样的大山，石多土少，林木也稀，人烟也稀，惟翠崖深邃回复，偶见虎迹……淮中大门外右转入山半里，有两崖如峡，上碍云日。再过去二三里，岩壁上有天龙蜿蜒之迹，长数十丈。我每到这里，总要想起太古，不是太古有道，更不是洪荒草昧，却是像昔人咏弹琴的诗里'古音听愈淡'。"

"瀑布总说大龙湫，一次我也独自去过，看它从空中如银河倾泻，飞洒远扬，水气逼人面，下坠浅潭，如晴天落白雨，庭除里一片汪洋，珠声晶泡浮走。此地太阳逼照，观瀑亭无人到，惟桂花一株已开。旁有山寺，僧出未归，寺前一块地上种着番薯，人家在山下溪涧边。"

王德威评胡兰成文字妩媚甜腻。胡氏文句固然佳，但天下山瀑，皆可如此描绘，未见龙湫特色。胡兰成只作泛泛而谈罢了，他终究也只是一个过客。

乐清籍学者、诗人吴鹭山，在《雁荡诗话》里说："雁荡多奇峦怪石……尤其是老猴峰，兀立净名谷口，宛如一老猴昂首看天，眉目似亦毕具。"吴鹭

山与这老猴峰颇结缘分。1977年夏末，吴鹭山与老友徐堇侯避暑雁荡山蓼花楼。不久，苏渊雷也从平阳来雁荡，三人相聚，"良友远莅，喜不可言"。蓼花楼在老猴峰下，徐堇侯与苏渊雷都属猴，"自谓三猴同命，传为佳话"。吴鹭山写有《雁荡纪游绝句四首》，其一"雁荡龙湫天下景，联吟并杖画中人。晚晴更觉家山好，落手芙蓉朵朵新。"

夏承焘与乐清颇有缘分。上世纪20年代，他与吴鹭山结为莫逆之交，后来还娶了吴鹭山的妹妹吴无闻为妻。1934年，吴鹭山寄信夏承焘，勾画心中蓝图，相约隐居雁荡山，在灵岩建庐为邻，宅前种千株桃树，以期桃李罗堂前的陶氏风雅。夏承焘即作诗回赠：

> 故山笋蕨向春肥，夜夜龙湫挟梦飞。
> 向月苍岚非世好，支筇横笛共谁归？
> 驱蛮相依应偕老，鸥鹭都猜始见机。
> 晚醒渴羌休匿笑，明年还我芰荷衣。

1944年，夏承焘在龙泉浙江大学分校任教。为避战乱，他携家人在吴鹭山家来禅楼隐居两月，后应雁山师范学校校长俞天民之聘，到雁荡任教，一住就是一年。夏承焘以行吟者的雅兴，踏遍了雁荡的山瀑洞壑，创作了20多首意境奇丽的词。

夏承焘逝世后，吴无闻遵遗命将其骨灰分一半安葬在浙江淳安县千岛湖风景最幽美之处；另一半则移回乐清，与原配游氏葬于雁荡山麓。

在夏承焘墨迹中，写有多幅有关雁荡山与大龙湫的名句。除了江弢叔的"欲写龙湫难着笔；不游雁荡是虚生"，还有明代章九仪句："今古有愁僧不管；溪山无恙我重来。"另有吴鹭山句："雁荡有峰皆突兀；龙湫无水不飞翻。"夏老书法，如老僧坐禅，外表平静散淡，内在深藏法度。有一种"禅

边定力落花深"之美。

九. 结语

宋代楼钥《大龙湫》中有两句："雁荡山中最奇绝"，"龙湫一派天下无"。说不尽的雁荡，道不尽的龙湫。最后，还是以许宗斌先生的一段话作结：

"马鞍岭与东岭之间，古称西内谷。谷中有水名锦溪，源于大龙湫，注经行峡沿筋竹涧入清江而归海。据说谢灵运当年探幽筋竹涧，终未能上溯入山，错过了和大龙湫邂逅的机会。不然，雁荡山开山祖师未必能轮得到洋和尚诺讵罗来当。龙湫宴坐雨蒙蒙，这是一种福分。即使你家住黄果树，不看大龙湫也是一个遗憾。别的瀑布只是瀑布，而大龙湫是龙。因风作态直下袅娜两百米，谁能比得过？四时朝夕阴晴雨雪它有多少种姿容谁又能说得清？所以与大龙湫结生死缘的诺讵罗始终不留一言，而无数世俗文人饶舌到最后，还是由清代诗人江弢叔的一句话作了结：欲写龙湫难着笔！"

线路：温州东——沈海高速——雁荡山互通——104国道——松溪大道——白芙线——004县道——大龙湫。

泓澄心赏望海楼

　　望海楼上的最美一望，是半屏山。苍穹之下，烟波之上，彩霞之中，半屏山如美人的眉黛，在海面上迤逦开一抹黛色，夕晖为山海调出熔金带紫的颜色，正如王勃《滕王阁序》里"烟光凝而暮山紫"的画面之美。

→
望海楼主楼（资料照片）

泓澄心赏望海楼

一、昔贤心赏已成空

中国士人一直有登高赋怀的传统。幽州台之天地悠悠，黄鹤楼之白云千载，凤凰台之江水自流，岳阳楼之先忧后乐……立于山巅亭台，最辉煌的景观，往往是远眺中的山水并置："白日依山尽，黄河入海流""潦水尽而寒潭清，烟光凝而暮山紫"……山与水的并置，最完美地呈现着"一阴一阳之谓道"（萧驰）。那一刻，自身生命渺如沧海一粟，连同一切飞禽、走兽、草木，皆寄托于天地之间，"借山水以化其结"，荣辱得失一笔勾销！

一千五百多年前，南朝刘宋时的大文学家颜延之伫立在洞头青岙山巅，仰云天，观沧海。《名胜志》载："青岙山在海中，两山对峙如门。"青岙山就是现在洞头区的大门岛。置身于海阔天空的美景之中，颜延之"羁旅在天涯"的愤懑、失意心情随着涛走云飞，顿时廓然开朗。

颜延之（384—456），琅琊临沂人（今属山东）。南朝诗人，诗与谢灵运齐名，世称"颜谢"；加上鲍照，合称"元嘉三大家"。颜延之本性耿介，在朝为官，看不惯朝廷权贵的作为，"词甚激昂，每犯权要"，做官42载，先后4次被贬。

公元426年，颜延之再一次被贬，重踏好友谢灵运的足迹，"出为永嘉太守"。到任不久，就率众乘船出海巡视，到了青岙山。青岙山海域开阔，山形雄奇，凡有漂泊海客入海门，常于青岙停驻。颜延之命人在岛上筑楼亭，以便登楼极眺，尽览天海苍茫，后人遂称其"望海楼"。这是目前所知我国有史以来最早在东海畔修建的观海楼亭。

牟复礼在关于苏州的一篇文章里说："过去是由词语、而非石头构成的。"青岙山望海楼亦然。我们已无法得见东海第一座望海楼的真容，但它一直存在于诗人们的词语之中。

唐代宝历年间（825—826），诗人张又新被贬调任温州刺史。同是天涯沦落人，隔着四百年的时空，诗人惜诗人。上任不久，张又新便追随颜延之的踪迹，泛舟渡海，来青岙山寻找望海楼。然而望海楼早已湮灭在怒海风暴之中了。张又新在海边凭吊，望着无尽沧海与一抹岚翠兴叹，赋诗《青岙山》：

> 灵海泓澄匝翠峰，昔贤心赏已成空。
> 今朝亭馆无遗制，积水沧浪一望中。

建筑，是地上的诗歌；诗歌，是纸上的建筑。当这寻楼未得的惆怅一望，被张又新写入诗歌，已付烟波浩渺信难求的望海楼，立在了集唐代诗歌之大成的文艺典籍中，占有了巍巍一席之地——张又新的这首《青岙山》后来被收入《全唐诗》中。

一千多年后，清光绪八年（1882）刊行的《光绪永嘉县志》卷二"舆地·叙山"中介绍青岙山时，特附举张又新此诗，可见这首诗影响之深广。

由于海岛自然条件所限，望海楼长久未能重建。不过，颜延之的才名和张又新的诗作，影响广远。直到清代，诗人戴文俊还在《瓯江竹枝词》中专为望海楼写了一首高迈阔远的诗：

> 天风振袂上危亭，蜃市初消海气清。
> 日暮云中君不至，高歌独有老龙听。

二、名贯东南第一楼

烟墩山是大门岛上海拔最高处。立于山巅，放眼沧海，一览无余。每当云蒸霞蔚时，郁郁苍苍的烟墩山上，海气吞山，白烟茫茫，那白烟也幻成一座山形，吞吐于云天与烟波之间，缥缥缈缈真似蓬莱仙境。何谓烟墩，瞬间了悟，叹为观止！

2005 年，望海楼在烟墩山上开工重建。主楼由江西滕王阁第 29 次重修总建筑设计师陈星文先生主持设计。重建的望海楼游览区，占地面积 140 亩。以主楼为核心，山门耸立，三亭护绕，诗廊陪衬，规模宏大，布局精巧。号称"气吞吴越三千里，名贯东南第一楼"。

望海楼的山门为仿清式建筑，采用四柱三间三楼碑楼样式，歇山顶，高 12 米。匾额"百岛一望"，为著名书画家韩美林先生书写。山门的楹联，由中国书法家协会原主席沈鹏先生书写：一海放千帆，美景难收，为有朝霞托日起；四时妆百岛，良辰未尽，更留明月待潮生。

主楼竖匾"望海楼"，系书法大师启功先生墨宝。五楼横匾"晋唐远韵"集赵朴初先生书法，以时间的概念，从人文的角度，阐明望海楼历史的悠远，传承的长远。三楼横匾"海日天风"集沙孟海先生书法，以空间的概念，从自然的角度，赞颂望海楼凝山海之奇趣，聚日月之精华。

望海楼主楼巍峨壮观，人们称赞有"三绝四最"之美。三绝为：从海上或岛上远眺，是一处绝佳景观；登楼环视四周，是遍览百岛风貌的绝妙看台；楼内各层展厅，是普及海洋知识的绝好课堂。四最为：东南沿海岛屿楼阁所处海拔最高，楼形众星拱月气势最雄，楼匾楹联名家声望最隆，陈列渔村民俗物品最丰。

望海楼游览区建有三座凭海临风的亭阁。泓澄亭建在主楼东侧，双层，六角形，六角重檐，寓"六六大顺"。"泓澄"两字，取自张又新《青岙山》的诗句"灵海泓澄匝翠峰"。题写亭匾的是名作家贾平凹，茅盾文学奖获得者。贾平凹喜画几笔贵妃美人，书法用笔亦有富态。泓澄亭亭联为："万里赋高楼，极目驰怀，白云不掩瓯江月；四时

兴福地，遥天阔水，锦浪犹传半岛钟。"中国书法家协会原驻会副主席张飚书写。

泓澄亭东北向的下方，有心赏亭，四角方形，寓天圆地方之意，亭名取自张又新《青岙山》的另一句诗"昔贤心赏已成空"。亭匾为贺敬之所题。亭联"诗酒皆仙，吟魂醉魄归何处；江山如画，月色涛声共一亭"，为钟明善书写。亭内置有张又新的诗碑，为周慧珺所书。

主楼西侧，有同辉亭，双层，六角重檐。望海楼所在的烟墩山巅，春秋季适当时间，可以看到朝日和落月、夕阳和初升月亮同映的美景，故取此为亭名。亭匾为周巍峙所题。亭联"须蓬岛月来，听满阁风吟，一湾鱼跃；待海天日出，望七桥锁浪，石岭喷霞"，为旭宇书写。

另外，游览区还建有魏明伦的《望海楼赋》碑刻、王剑冰的散文《大海赋》碑刻。

三、洞天福地，从此开头

福楼拜说，上帝送给人间的三件最珍贵的礼物：大海，《哈姆雷特》，莫扎特的《唐簧》。伟大的自然与伟大的艺术，包含了宇宙间澎湃的矛盾与深邃的智慧，给我们无穷无尽的启示。每当临海凭风，便获得了天空与大海的胸怀。

夏天是观海的最佳时机。海色泓澄，穷尽辉煌。那日，我特意于黄昏即将降临的重要时刻，登临望海楼。一楼帆锚相依厅，二楼耕海牧鱼厅，三楼闽瓯风情厅，四楼非遗奇葩厅，一级一级登顶五楼，独踞于海上的制高点，四面飘风，犹如席卷而上的巨大漩涡，把我如一面旗帜包围。

极目远眺，天迥海阔。南向，是洞头中心渔港及周边岛屿。东望，为新老城区，大道纵横，楼宇林立。北边，可见七桥连接的八个岛，如同

Landscape of WenZhou   瓯 景

↑
望海楼（资料照片）

泓澄心赏望海楼

大海的眼睛，闪烁于海面。西眺是浩瀚大海及半屏山。

海天坦荡，无一物遮挡，日落得慢，一瞬仿佛千年。大海仿佛一张巨大的辉煌的丝绸，海波是丝绸上不计其数的褶皱。几粒归舟行于海上，如巨幅木刻画上的渔舟唱晚，风在动，海波不动，舟子不动——这确是一幅奇画，大海这张画布太辽阔！万物置于其中，渺如沧海一粟，纹丝不动。时间仿佛停止，空间深不可测，一如诗人阿波利奈尔在《蜜蜡波桥》中写："让黑夜降临，让钟声吟诵／时光消逝了，我没有移动。"

望海楼上的最美一望，是半屏山。苍穹之下，烟波之上，彩霞之中，半屏山如美人的眉黛，在海面上迤逦开一抹黛色，夕晖为山海调出熔金带紫的颜色，正如王勃《滕王阁序》里"烟光凝而暮山紫"的画面之美。

洞头民谣唱：

半屏山，
半屏山，
一半在洞头，
一半在台湾。

2010年，诗人余光中站在洞头仙叠岩景区时，也是傍晚时分，一轮夕阳洒出万道霞光，在海天之间画一幅色彩绮丽的印象派画。伫立崖边，余老远眺半屏山。他的目光穿过眼前的半屏山，似乎又在寻找海峡那边的半屏山。两片半屏山勾连在了同一片目光之中。

望海归来，主客共进晚餐。余老的女儿季珊好奇问道："为什么这个地方叫洞头？"洞头本土的寓言作家邱国鹰便讲述了一个关于洞头名称由来的民间传说：清代年间，一艘福建渔船到洞头海面一带捕鱼，渔夫用吊桶打水刷船板时，桶绳断了，吊桶随即被浪卷没。等渔船绕到岛东北端的一个岙口时，意外发现海上竟漂着那只吊桶。渔夫猜测，海底一定有个洞，当时吊桶被卷入海洞里，海洞一直通到这个岙口。于是把吊桶掉下去的地方叫洞头，吊桶浮上来的岙叫洞尾（即现在的桐桥尾）。

余光中听罢故事，沉吟片刻，脱口而出："洞头、洞头，洞天福地，从此开头。"洞头之名有了新的诠释。

2011年2月17日，正值元宵佳节，余光中先生委托高雄市半屏山两岸经贸旅游发展协会荣誉会长许灿欣，将他亲手题写的"洞天福地，从此开头"八个大字，赠予洞头。

"洞天福地，从此开头"八个字，如今刻在一张帆形的巨型贝壳上，以贝雕的形式，展示于望海楼一楼帆锚相依厅。

四、此间小住亦神仙

望海楼矗立于时间之流之上，矗立于诗人的词语故乡之中。而对于生于斯长于斯的渔民来说，大海，是风浪和风险俱在的赖以生存与生活的家园。

洞头有声势浩大的开渔节。每年5月至9月为伏季休渔期。9月，东海正式结束休渔季，千百艘拖渔网的渔船开赴东海海域进行捕捞作业。

开渔节上，有迎头鬃仪式。"迎头鬃"是洞头闽南语方言，是洞头独具海岛特色的非遗传统风俗。船老大们披戴红花，鞠躬敬酒，祈求丰收、平安，并和船员们将绣有"独占鳌头"字样的"头鬃旗"，升上自家的船头。"扛头鬃"渔船一般是往年海洋捕捞作业中的佼佼者，人们通过举行"迎头鬃"仪式对他们进行褒奖。当仪式结束后，即将远洋捕捞的渔民便在鞭炮声中扬帆起航。鲜艳的渔旗连同海霞一起飘满天空，海鸟展翅伴随渔船渐行渐远。渔民们将在东海捕捞目鱼、带鱼、虾等海鲜。"迎头鬃"仪式在洞头既是开渔季里重要的传统民俗仪式，也寓意着渔民红红火火的出港、平平安安的满载而归。

清代王步霄有诗："苍江几度变桑田，海外桃源别有天。云满碧山花满谷，此间小住亦神仙。"百岛洞头，海外桃源，正以新的风姿，欢迎每一个到来的人，踏浪，望海，怀古，览今。

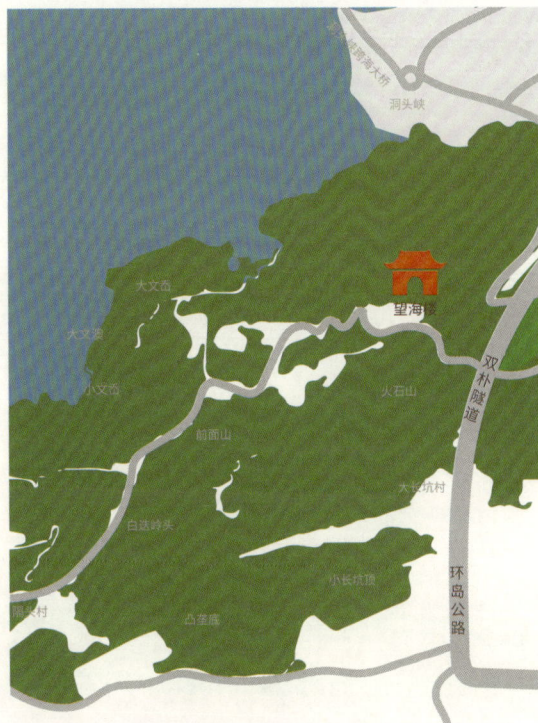

线路：温州东——机场大道——灵霓线——五岛公路——霞光大道——烟墩山——望海楼。

从库村到泗溪：
退隐桃源及廊桥之美

　　清代泰顺人林鹗在《分疆录》中记："及唐末之乱，赋繁役重，民不堪命，流亡入山者愈多，则百落千村皆武陵之桃源矣。"在鸟道盘旋的泰顺，百余条溪流纵横其间，却只有一条百丈口的交溪是通向飞云江接通外界的。从地理环境及文化蕴藉来说，泰顺固有"武陵桃源"之名实。

→
北涧桥

一、退隐桃源

调侃过白居易"居不易"的唐代大诗人顾况，曾写过一篇《仙游记》：

> 温州人李庭等，大历六年入山斫树，迷不知路，遥见漈水，中有人烟鸡犬之候。寻声渡水，忽到一处，约在瓯闽之间，云古莽然之墟。有好田，泉，竹，果，药，连栋架险，三百余家。四面高山，回环深映，有象耕雁耘，人甚知礼……

钱钟书说顾况是在仿效陶渊明的《桃花源记》。只不过，此桃花源不在湖北武陵，而在"瓯闽之间"的"莽然之墟"。据考证，诗中所记，是泰顺县境内的仙居村或漈头村一带。

在开门见山、出门跨溪、鸟道盘旋的泰顺，除了群山，还是群山，百余条溪流纵横其间，却只有一条百丈口的交溪是通向飞云江接通外界的。据史载，唐代始有独木舟，在百丈口顺江而下，"百丈百滩，一滩一丈"（董正扬），全程124公里，直达东南名城瑞安。从地理环境及文化蕴藉来说，泰顺固有"武陵桃源"之名实。

清代泰顺人林鹗在《分疆录》中记："及唐末之乱，赋繁役重，民不堪命，流亡入山者愈多，则百落千村皆武陵之桃源矣。"发生在泰顺的几次唐宋时期氏族迁入史，其始迁祖皆是从乱世避难或仕途退隐而来，山重水复，柳暗花明，发现了

泰顺的山川秀美宁静致远，于是在泰顺隐居，耕读传家。

第一位到达泰顺漈头村，且具有重要影响的是唐德宗贞元元年（785）的进士包全。包全生于唐天宝元年（747），会稽人。曾任郴州义昌县县官，润州司仓参军。唐贞元二十一年三月，以承奉郎迁徵事郎的名衔出任福州长溪县知县。当时藩镇叛乱四起，社会动荡，包全生隐居之心。"因爱山水之盛，风物之美，由会稽包山出发，沿剡溪，跨天台，历东瓯，于唐宪宗元和六年（公元811）到达温州"。之后，白瑞安飞云江溯游而上，水路尽，舍舟登岸，但见白云山漈头村口，一条瀑流挂于青山白云之间，顿起结庐之意。次年，包全在白云山下择吉伐木，筑屋垦田，耕读传家。

漈头村，又称库村。原属筱村镇，背倚白云山，三面环山，南面临流。包全居此福地，怡然自乐，生子而以"福"字名之。"并以种芷若、兰芷终老"。包全卒于唐开成二年（837），享年91岁，是千年库村的始祖。现存包全墓于库村后坪。

继包全隐居库村85年之后，山阴人吴畦一路山水迢迢，也来到了漈头村。吴畦，公元860年进士，曾任贵州刺史，河南节度使。唐文德元年（888），吴畦拜为谏议大夫，因忠言直谏，于唐大顺元年（890）被贬为润州刺史。时值浙东节度使董昌之乱，吴畦遂生隐退之意。

唐乾宁三年（896），吴畦率兄弟子侄，沿飞云江溯水而上，隐居库村。吴畦有《自松源回库村》诗云："山阴和乐本吾家，谏苑曾蒙帝宠嘉。荆棘长安生梗塞，衣冠江浙蛰荣华。老峰仆筑千秋远，库水安屋万世遐。嘱咐子孙文笔继，禹门腾踏岂教赊。"

据《罗江东外记》和《库村吴氏族谱》记载，吴畦隐居库村时，晚唐著名诗人罗隐正在吴王钱镠府内担任镇海节度，掌书记一职。当时政治动荡，人才缺乏，钱镠有意起用吴畦辅政，于是特遣罗隐千里入山，请故友吴畦出山。天祐元年（904），罗隐经婺州、丽水至安固，一叶孤舟溯飞云江而上，抵达泰顺境内的交溪，弃舟步行，前往白云山。此为瑞安飞云江至泰顺江口航运最早的一次诗文记载。罗隐路过莒江，"仰视白云山，高入云表，下有旷野数十亩，桑麻殊胜，中有民居百十家"。罗隐在白云缭绕的山中居三日。

← 吴畦

→ 罗隐

吴畦避而不见，故意离家访友。罗隐怅怅归返，若有所悟，将这次寻访奇遇写成《罗江东外记》，感叹山中库村优游的耕读生活，其艳羡之情溢于文辞：

由溪行后入，四渡涧水，至其处，四周叠嶂，环如城郭，溪流清澈，游鱼可数，古树新篁，秀麦柔桑。茅屋四五家隐约其中，隔水闻书声，因风溜亮。又闻叱犊声，则耕者也……余于是始美吾友之乐无以易，心知其不复返矣。

后梁龙德三年（923）正月，吴畦逝于库村，终年84岁，现存吴畦墓于库村吴宅。

唐代以前，泰顺境内尚为莽莽苍苍的深山老林，只有少数古越遗民散居其中，鸡犬相闻。自包全和吴畦相继归隐库村后，设私塾义社，劝农劝学，开泰顺耕读文化的先河。以库村为中心，逐渐形成了诗文传家的包姓、吴姓血缘村落。

"靖康之难"后，宋室南渡。大批汉民从中原、本省其他地区或邻省迁入泰顺以避战乱，这些人大多出自官宦世家，凭借他们的文化优势，后人都成了泰顺地区的望族。泗溪林氏便是其中著名一脉。

泰顺的耕读传家思想，到了南宋中期达到鼎盛。库村侯林书院，是泰顺县境内最早的书院。由南宋宗年间进士吴驲的父亲吴子益创建。此外，还有包朝珉的社学，包涵的古柏山房，吴驲的岚壁堂，吴氏先贤的桂芳堂。由于文风兴盛，仅唐宋两朝，库村考取文武进士者就不下半百，这种现象在中国历史上也不多见。

在库村东三里的金谷庵山崖上，至今还保存着宋代"三友洞"和"锦绣谷"的摩崖石刻。据林鹗《分疆录》记载："崖（三友洞之崖）下旧有书室，为宋进士吴驲、吴泰和、包湉讲学处。"

吴驲，字由正，库村侯林书院开创者吴子益之子，官授承直郎，累迁为武侯大夫，曾任昭州、滕州知州，后退隐库村，著有诗集《岚壁集》。

包湉，字公济，号紫崖，任永州州学教授，后升为永州通判，后归隐库村，学问博洽，尤善古文。

吴泰和，字浩然，为朝廷重臣贾似道之师，

深得贾贵妃赏识，曾任扬州通判，后归隐库村。

自称三友的吴驲、吴泰和、包湉，志同道合，寄志林泉，临流而歌，为三友洞写下了诸多精美的诗篇。当地流传着三友洞的许多故事。据传，三友携弟子竟日苦读，山崖为之感化，化为一面明镜，每日将东海的曙辉与西谷的夕晖反射入三友洞书室，书室朝暮亮如雪洞。又一日，明月当空，三友举杯邀月咏诗。包湉咏一首《锦绣谷》：

> 恍然天地外，浑似画图中。
> 泉响崖为应，风柔云较闲。
> 小开三益径，高上一层山。
> 诗量雄于酒，庚题病已删。

吴驲和一首《百花岩》：

> 一岩千古异，百卉四时开。
> 不假栽培力，天然锦绣堆。

吴泰和则应一首《三友洞感怀》：

> 不是桃源路可通，霞蒸洞口满川红。
> 看山只有苍岩客，避世更无白发翁。
> 明月影移栖凤竹，百云阴锁卧龙松。
> 岁寒三径人何在？只有孤梅寄朔风。

朱熹也被南方的山水所安抚。当朱熹过盖竹村访当地文武进士林拱辰时，身临山川灵秀，一时竟也起了隐遁之心，写了《过盖竹二首》：

> 二月春风特地寒，江楼独自倚栏杆。
> 箇中讵有行藏意，且把前峰细数看。
> 浩荡瓯盟久未寒，征骖聊此驻江平。

何时买得渔船就，乞与人间画里看。

及至元明两朝兵乱，泰顺"世家星散，墟里荒凉，人文一蹶不振"。更有甚者，泰顺由一个躲避战乱的"武陵桃源"，变成了倭寇藏匿之地。明人萧奇勋在《增城记》云，因泰顺"山势百折，邑据上游，当东南之冲，益出入必由之；又峦峰层迭，易于藏匿"，倭寇从闽地翻山入，"此地被害尤剧"。

泰顺文风，清代又兴。罗阳潘氏、董氏等，可谓名士一族。光绪年间的林鹗，退隐之后，立志修志，于古稀之年踏遍千山万水考察疆界，苦修一部纵贯千年的泰顺地方志《分疆录》，堪称泰顺奇士，因不属库村人，在此概不赘述。

董正扬的《石林精舍》诗，似乎把泰顺士人的武陵桃源情结一以贯之：

> 主人约我看山去，笑指东郊并马来。
> 燕子解依王谢住，桃花却为阮刘开。
> 松声清似迦陵鸟，石气碧于玉匮苔。
> 他日著书成燕语，悬知不独石林才。

近代库村，名人也不少，他们走出了山中的世界。如聚泰堂主人包长敖的长子包达明，在1982年组建了小百花越剧团，轰动全国，受到了邓颖超、习仲勋、万里、乔石等中央领导的接见。

我于庚子秋日入山，山气清嘉，云泉缭峦。车至群峰包卷的白云山，到达库村。库村，是一座用清一色鹅卵石垒筑的寂寞石头城，卵石来自山谷间的溪床，用于山谷里的居民筑屋栖居，一如海子的诗歌所写："把石头还给石头。"大大小小的石头，砌筑成厚重结实而古色古香的墙体，防水防火，雕刻着千年古村的唐宋遗风。

进村口世英门，一条鹅卵石大道蜿蜒伸入村庄，包宅、吴宅东西分列。东侧路边，一棵千年古柏翠色森森，村人说，是当年始祖吴畦手植。古柏盛大的浓荫映衬着蛮石山墙，树木与石头让时间流逝，沧桑之美随时间而来。村里有一口"清阴井"，井口用四块条石砌成正方形，古井端方，青苔蔓生。"清阴井"三字阴刻，沉稳古雅。据说，井是吴畦挖，字是吴畦书，家园从一口井始，一千年的光阴悠悠。

村中五座卵石老宅，皆以德命名：食德堂、衣德堂、恒德堂、桂德堂、武德堂。其中食德堂别称"外翰第"，因其高祖包涵是清同治年间的岁贡，为清朝外放的翰林，故名。外翰第的额枋之上，悬挂着一面红底白字的牌子，竖写着"钦旌节孝"四字，为朝廷敕封，旌扬包涵的母亲丧夫不嫁，守节教子成才。

衣德堂如今改建为库村书院，是库村的一大文旅风景。四合院落，高高的鹅卵石墙，布满苔痕的鹅卵石地。因为石头结构，库村民宅一般无厢房，庭院开阔方正，植兰芷，满庭芳。书院主人是包氏后人包登峰，发愿做库村文旅的带头人，自号库村村史公，笔名江南雨，写诗，写小说，写书法，自书"库村风雅"四字，悬挂于书院厅堂上。四方来客闲坐于书院品茗，听"村史公"怀着浓浓的乡愁畅谈库村的千年风雅、耕读文化。

起身告别，回望白云山下石头城，这样一座保存完整的唐宋古村，已不多见。一座村庄的历史刻在石头上，乡愁辨认于一石、一树、一井，故乡恒久如新。

车出白云山后，在更多不知名的山间盘旋。特意绕到洪口溪与司前溪二水交汇处，即旧时百丈口所在。一条钢筋水泥桥飞架两岸，董正扬《百丈口放舟》诗中描写的"蒲帆十八幅"的繁华一时的渡口，已封存于一汪碧水之中。2000 年 6 月，百丈口镇凡是在水线之下的房舍、老街、古道、渡口，都淹没于珊溪水库建成之时。"孤帆远影碧空尽"的诗意古航运，早被一车平川的现代速度所代替。遥想当年，泰顺在中晚清时期的一批文士，就是从百丈口登船出发，经飞云江水路风帆直下，与瑞安名儒交往，于是有了董正扬、林鄂这样的名士群。林鄂与瑞安孙家交游甚密，曾作孙锵鸣的幕僚。走出，意味着求变，世界变大了。

二、廊桥之美

北宋张择端的《清明上河图》中，有一座横跨汴水的木拱桥梁，桥身如虹，谓之"虹桥"，其造型美轮美奂。《东京梦华录》描绘了虹桥的形态构造："其桥无柱，皆以巨木虚架，饰以丹艧，宛如飞虹……"

当我站在泗溪镇白粉墙村，看到似飞虹饮涧的溪东虹桥，仰望书法家林剑丹题写于梁上的"虹气临虚""影摇波月"等字，确乎有一种进入了宋画之美的震撼。我所做的第一件事是，像古人观天地那样，退远，再退远，退到了白粉墙村的边缘，把青山、树林、廊桥、溪涧一一装入画中。溪东桥的背景是两座苍翠的山峰，一为狮子峰，一为将军峰。据当地人讲，此桥及周围环境正处于"将军逗狮"的风水模式。金色夕晖洒在峰峦、桥屋及桥头的翠竹丛上，一只白鹭翩翩飞入画面之中，翠山、红桥、灰瓦、白鸟，色彩流丽，一幅画为之灵动。

随后，我走近。走近溪东桥，细观虹桥结构在"力"与"美"上的杰出结合。

溪东桥为叠梁式木拱廊桥。因横跨东溪而得名。始建于明隆庆四年(1570)，清乾隆十年(1745)、

←
北涧桥桥屋内部结构

溪东桥内神龛

→
溪东桥远景

←

世英门

白云山下的库村

→

库村乡路

库村书院

（图片提供：包登峰）

道光七年 (1827) 重修。桥无桥墩，由粗木构件纵横成"井"，别压穿插，搭成八字形伸臂木拱，横跨两岸，所谓虹气凌虚。桥屋屋顶铺陈瓦片，重量压于构件产生稳固作用，又可防风避雨，故廊桥又名风雨桥。桥拱上建有廊屋 15 间，中央几间高为楼阁，设有神龛，通常供奉秦琼或陈十四娘娘，曰"气治太初""坤仪配德""威灵显赫"。旧时每年二月二，或每月朔望，廊屋上有祭祀活动。在乡间，一座廊桥是人神共用的场所。

"听，桥屋上也有流水声！"同去的儿子惊喜地发现。

仰头看，穹顶藻井造型，走在桥上，真能听得廊内水声绕梁，桥内桥外皆闻流水潺潺如唱，赏心悦耳。屋檐翼角飞挑，屋脊青龙绕虚，颇有吞云吐雾之势。

自宋代，泗溪"生齿日繁，文物渐盛，科甲肇兴，人才辈出"。其中，泗溪白粉墙村的林氏家族，更是支派繁衍，文士辈出。其始祖林建，因朱温篡唐，晚年归隐泗溪。东溪早时以碇步渡水，津道多阻，乡贤林正绪倡首建造蜈蚣桥。林正绪生平好行义举，乾隆癸亥年 (1743) 邑侯张考首书"达尊有二"匾相赠。今溪东桥畔，立有林正绪像。

与溪东桥相隔 500 米，有北涧桥，两桥为姐妹桥，被誉为世界上最美的廊桥。泗溪双廊桥之所以最美，因士绅参与了廊桥的建造，使廊桥更具文化意味及艺术美感。

溪东桥之美，是为见到北涧桥的惊艳，打了一个伏笔。南朝刘义庆《世说新语·言语》中说："从山阴道上行，山川自相应发，使人应接不暇。"泗溪廊桥寻美，果真目不暇接。

北涧桥，叠梁式木拱廊桥，位于泗溪镇下桥村。因桥跨北而上，故名。始建于清康熙十三年 (1674)，嘉庆八年 (1803) 修建，道光二十九年 (1849) 重修。

北涧桥四周环境幽美，两溪交汇，溪面阔朗。一条长长的矴步，用睡木沉基法，高低错齿，如大地上的一排琴键排列，流水淙淙便是在"琴键"上弹奏出的天籁妙音。故矴步又有"琴桥"的美称。过矴步，共计 77 步，到了桥头和村子。桥头有两棵古树，一棵是 1200 年的大樟树，该是唐朝的树，虬枝垂水，树冠芃芃，映得周遭满天绿霞。一棵是百年乌桕树，秋冬时节，乌桕叶片片染红了，溪涧、虹桥、红叶杂色渲染，是林风眠风物画一般的江南冬景。

在溪东桥未建时，北涧桥是当地唯一横跨东溪的木拱桥，有桥则流通，桥头两岸逐渐形成了繁华一时的生态村落。一条长长的商铺街穿过桥头，山货土货琳琅满目。一间"廊桥茶馆"最是写意，悠然据有千年古树的绿荫与长风，在茶馆二楼坐下喝个茶，俯瞰溪水涓涓流过虹桥，约莫就是"你在桥上看风景，看风景人在楼上看你"的好意境了。

北涧桥在修建之初，就考虑到了与邻近建筑的结合。桥柱上预留了榫口与民宅相接。廊桥山花的飞檐与民宅的屋檐犬牙相错在鹅卵石风雨街之上，晴时得一寸阳光，雨天则雨注如帘。

北涧桥伸臂舒展，桥屋灰瓦红身，似飞虹跨碧涧。桥屋 20 间，廊屋椽梁栋柱纵横穿插，构件繁复，近千件构件，榫卯相接，不施一根钉铆，彰显力与美的极致艺术。屋脊上，两条游龙戏珠，翩翩若飞，若隐若现于蓊蓊树影间。飞檐走兽，斜脊起翘，形如《诗经小雅》描绘："如跂斯翼，如翚斯飞。"远观之，与青山、碧流、古树辉映，其美不逊于宋画中已消失 900 年的汴水虹桥，且汴水虹桥并无桥屋。

北涧桥的首事倡建为泗溪陈汝昌、林友卿和明灯僧人，三人像立于北涧桥畔。

国家文物管理局的桥梁专家杨道明教授亲临

考察泗溪廊桥，感叹道："四百多年前，我国劳动人民就知道运用力学原理建造这种叠梁式木拱桥，这是我国劳动人民智慧结晶，是中国桥梁史中的'双璧'。"所以他亲手题了"古建文物，民族精粹"八个大字，制成双匾，高悬桥之两首。

三、一座桥，通向一个桃花源

史料载，深山多古木的泰顺是郡国钦定的木材供应地。一般认为，宋室南渡后，带来娴熟的造桥技术。然而在宋之前，泰顺匠人的造桥术已独具匠心。泰顺最早的三条桥，唐朝时已存在。《分疆录》记载："三条桥最古……拆旧瓦有贞观年号。"这对虹桥最早出现在北宋，是一个质疑。

在宋代，桥有一个伟大的名字：智思。一座桥，是人类认知自然的智慧思考的结晶，即日本美学家柳宗悦所谓"由内里所藏的令人惊异的自然智慧所铸就"。一座桥，也是人类渴望到达彼岸、走出固有世界的途径。

由泰顺及廊桥，想起建筑大师贝聿铭在1998年受聘为日本在深山建一座"美秀美术馆"，他从《桃花源记》里得到了灵感，凿山挖了一条长长的隧道，隧道尽头造一座梦境般的桥。过桥，仿佛若有光，便是美秀美术馆。贝大师的设计，即造梦。一座桥，通向一个桃花源。大凡中国人，心底多有这个美丽的梦境。

线路：温州东——沈海高速——分水关——331省道——泗溪——莲筱线——601县道——库村。

会文书院：
永嘉前辈读书多

院门口，一副广为传颂、激励后学的著名楹联，出自清代太仆射侍卿、曾国藩的得意门生、瑞安名儒孙衣言：伊洛微言持敬始；永嘉前辈读书多。

→
南雁风光（资料照片）

会文书院：永嘉前辈读书多

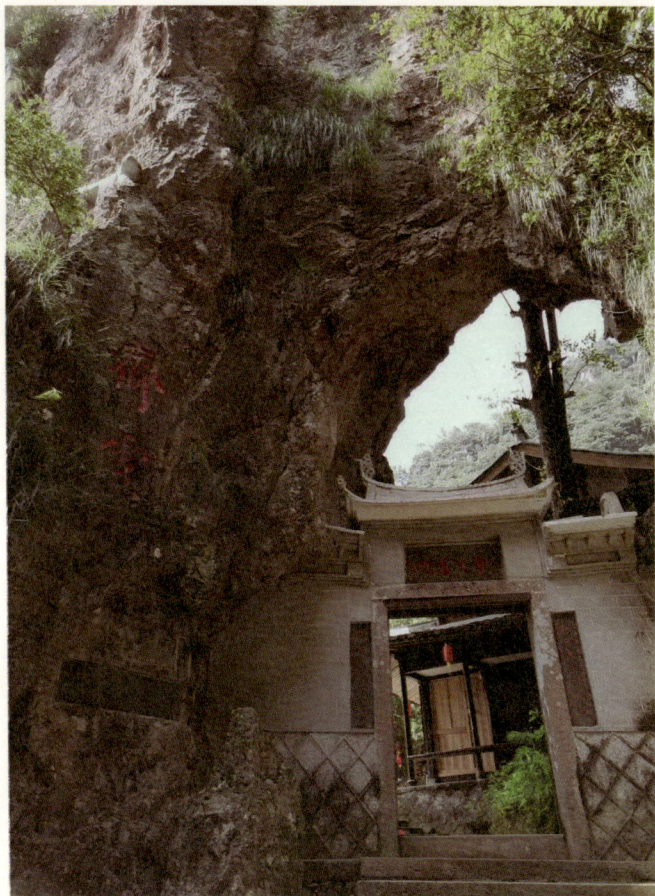

一、伊洛微言持敬始，永嘉前辈读书多

唐懿宗乾符二年 (875)，温州邵太守游南雁，山阴人吴畦同游，留下了《陪邵太守游雁山记》。文中说"去治西南二百里，有雁荡山，隐于榛莽"，其时北雁荡山尚未正名，"雁荡山"便是指南雁。邵太守一行渡过碧溪，"遂登而陆，夹道两峰相望，山之门南北有石华表……于是度石梁，攀缘而上，鸟道隐见于石间。……力倦复下，从者曰：'兹有洞。'视之，廓然一岩宇也"。

南雁有东西洞。东洞，通往著名的会文书院。盛夏七月，访会文书院，无异于一次避暑探幽的奢侈之旅。行至山麓，淙淙碧溪萦绕于青山绿野之间，一人悠然垂钓于碧溪上，颇有渔樵耕读图景的联想。

从古道上山，入东洞，骤然降温，凉气森森，天然一座饮冰室。传闻北宋崇宁年间有石帜街人余公隐居于此洞，后受征召入了翰林院，故名"余公洞"。曾因道教兴旺，又名贞士洞。从石阶折行百步出洞，豁然开朗，见黑砖建筑世辉楼，两层三间，民国风格。倚楼仰望，峭壁围立，前方岩壁上刻有"齐云"字，洞顶青天，浮云流白，人如跌于井底。

一峰形如天柱，名华表峰。华表峰下，屋舍五间，便是宋代陈经邦及其兄弟陈经正读书讲学处——会文书院。

书院门口，一副广为传颂、激励后学的著名楹联，出自清代太仆射侍卿、曾国藩的得意门生、瑞安名儒孙衣言：伊洛微言持敬始，永嘉前辈读书多。

上联中"伊洛"系伊河、洛河，指该流域所孕育的以程颐、程颢、朱熹等为代表的理学学派。"持敬"，表"心无杂念、毕恭毕敬"，"居敬"是宋代理学家倡导的一种修养方法，晚清曾国藩手书日课四条示二子云："'敬'之一字，孔门持以教人，春秋士大夫亦常言之，至程朱则千言万语不离此旨。"

下联中"永嘉前辈"，指南宋的薛季宣、陈傅良、叶适等永嘉学派代表人物，他们博极群书，通今知古，自为一家之学，即永嘉学派。该联原是孙衣言《题会文书院》诗的颈联。全诗为：

> 兄弟同时奋薜萝，北方千里就磨磋。
> 遂为浙学文斯在，直到横阳士尚峨。
> 伊洛微言持敬始，永嘉前辈读书多。
> 荆榛重辟宗风远，莫但比邻听酒歌。

二、会文文脉

会文书院初建于北宋，为大观三年进士陈经邦及其兄弟陈经正读书的地方。会文书院为永嘉学派的滥觞。清代著名学者全祖望《宋元学案》和孙衣言《瓯海轶闻》都认为"平阳学统，始于先生兄弟"。

宋代陈氏为平阳大族。因仰慕伊洛之学，陈经正、陈经邦兄弟不远万里，先赴汴京入太学，后赴洛阳求学于理学家程颢、程颐，学成归来。陈氏兄弟在政治上并无成就，隐居乡里，建南雁会文书院，"日与诸友登临于此，以读书缀文为事"，设讲席传授洛学，率先将洛学传入浙江，自此开永嘉学派之先声。

朱熹曾率弟子多次来书院讲过学，"朱子来游时，醉笔标题陈经邦书院"。书院正间门上匾额"会邱书院"四字，为朱熹所题。此题匾意味深长，"邱"通"丘"，特指孔丘；"丘"旁边的耳朵，意表倾听圣人之言。宋人所谓"天不生仲尼，万古如长夜"，

書院東門

世辉楼

倾听圣人思想则智明通达。此匾额最大限度地阐述了儒家学说及理学体系在会文书院的地位。当年陈氏兄弟将读书、授学、修身之地择于层峦叠嶂山水幽胜处，据有天地捭阖而修身养性，也正是躬行了理学提倡的"天人合一"。

会文书院创办一百多年后，平阳出了个朱文昭。他拜永嘉学派的陈傅良为师，接受"所贵于儒者，谓其能通世务，以其所学见之事功"的理念，读书致用，撰写了《纪年备遗》一百卷，"观兴坏，本经训，抚树正义，搜举坠逸"，得到了陈傅良、叶适等的高度评价。他的侄子朱元升攻《易》理，著《三易备遗》，被时人惊为"绝学"，有个当官的还把这本书推荐给朝廷。

南宋时，会文书院是"二陈"曾孙辈开馆授徒之所，书声一直不断。元代"平阳之学"有章仕尧（号清所，昆阳镇人）、史伯璿（字文玑，钱仓镇人），明代有徐兴祖（人称"横阳先生"，昆阳镇城东人），他们都研究朱熹理学，属朱熹、叶适门人陈埴、叶味道所创立的木钟学派。但元明之际，书院湮没于草莱，少有文字记载，史伯璿在《过陈氏会文书院》诗中叹曰："门楣底事荒凉易，枯壁寒蝉噪落晖。"

光绪八年（1882），20岁的宋恕，来到南雁荡山顺溪陈承绂（陈少文）家做客。宋恕，平阳万全乡人，李鸿章称其为"海内奇才"，与陈黻宸、陈虬并称"浙东三杰"。孙锵鸣奇其才，以小女许为婚姻。宋恕与陈承绂入山找到会文书院遗址，叹曰："今去宋七百载矣，近者吾郡志学之士渐起，而吾邑则寂寂然无诵声……"陈承绂（1857—1934）为平阳著名实业家，置碗窑、事桑蚕、办学堂，称誉乡里。陈承绂闻宋恕之言，沉思片刻，便下决心重建会文书院。

光绪十年（1884），陈承绂发动20多家企业捐资，重建书院，建楼房5间，购置图书万余册，聘请名师为青年学生讲授经史。陈承绂又在南雁各景点栽花种树，修筑道路、路亭多处，人称"南雁主人"。邑令汤肇熙捐俸劝置田产，以助膏火。

重建的会文书院斋舍为5间楼房，左有回廊，右有平房3间。院前有平台、花坛、围以栏杆。伫立平台环眺：左首东洞之上，华表、龙角、仙冠三峰鼎立，组成化龙岩奇特景观。下临碧溪，旧有棣萼世辉楼，呈"万绿丛中一点红"之画图。宣统年间，世辉楼移建于东洞，衔山而建。

孙衣言、孙锵鸣遵陈承绂的嘱咐，写《题会文书院》同题诗，并立诗碑。后，孙衣言取诗中颈联作为书院门口门联，有："伊洛微言持敬始；永嘉前辈读书多。"并在对联旁的空白处写了一句语重心长的话，劝勉后学："此予为少文作会文阁旧句，今复索书楹帖，窃思为后生说法，无过此二语者，而第二句尤为当头一棒，有志者善自为之。"号召后学者取法于永嘉学派。书院厅堂中有孙锵鸣撰书的楹联："两雁并灵区，百廿峰中无此坛席；二程传法脉，一千年后重与讨论。"一时，南雁风头似盖过北雁。

孙衣言弟子黄体芳次韵和诗，作《题会文书院，用太仆师、止庵二丈原韵》曰：

重来雁荡辟藤萝，想见堎篑互切磋。
近与周刘同沆瀣，远如谢马出岷峨。
对床佳话后先肖，合璧宏章传诵多。
我是泰山老弟子，拔茅犹敢发高歌。

"堎篑相和"，喻兄弟和睦。"对床夜雨"，用的是苏轼、苏辙手足情深的典故，对应陈经邦、陈经正及孙衣言、孙锵鸣，两对兄弟，一先一后，各为南雁及书院写同题诗。

宋恕在《重建会文书院》中预言，"南雁山奇而水清，郁久必发，其将有出类拔萃"的人才。他为移建的棣萼世辉楼撰联："不分新旧惟求益，兼爱自他所谓公。"宋恕受维新思想影响，曾向李鸿章提出"易服改制，一切从西"，这副对联正是戊戌维新年代的一种精辟见解，并以"求益"来判别新旧事物的可取与不可取，符合永嘉学派的事功理念。

一百多年来，会文书院果然如宋恕预言，大师辈出。教育家刘绍宽、"中国新闻界的孔子"马星野、棋王谢侠逊、数学家苏步青、文史学家苏渊雷、教育家陈振椒等。腾蛟的苏步青、钱库的苏渊雷，都曾在会文书院就过学。13岁的苏渊雷以第一名从金乡高小毕业后，入会文书院，师从张汉杰进修古典文学，始读《左传》《战国策》，为后来成为文史学家打下了基础。苏渊雷在《仰霁亭碑记》中，有生动的描写："尚忆年十三，就读南雁会文书院时，一夕风雨甚，聆张汉杰师灯下朗诵霁山诗'水到兰亭转鸣咽，不知真帖落谁家'之句，声泪俱下。余亦凄其兴感，不能自已。此情此景，迄今六十有六年，犹历历在目也。"更鲜为人知的是，平阳近代教育家陈振椒（南雁镇坎头村人），曾任会文书院"山长"（即负责人），他培养的学生之中有平阳第一位中共党员、周恩来早年战友施味辛和著名林业学家陈嵘，还有平阳二中首任校长陈铎民等。

民国时期平阳诗坛有"南孩北珍"，分别指南港诗人陈天孩、北港诗人苏尚珍，陈天孩介绍苏尚珍说："君卒业于省立第十师范学校，与余为同学，旋归主南雁山会文书院。"可见苏尚珍也曾任会文书院山长。

当年会文书院图书馆（馆长陈玉泉）藏书非常丰富，据著名诗人郑经生《我怀雁荡》一书记载，古今中外名著都有，他寝馈其中，博览群书，从而成为从会文书院走出来的一位著名诗人。（见陈盛奖《孙衣言与会文书院》）

←

陈经正

陈经邦

三、会文风光

书院楼前有洞底花坛，繁花似锦。凭栏处，有石碑，刻苏步青诗：华表双峰下，会文一院孤。滩声留过雁，楼影落晴湖。横笛人何在，飞云看欲无。上方钟磬晚，烟树拥仙姑。

那日下午，最奢侈的莫过于坐在书院的长廊上，眼接青峰巍巍，耳闻山鸟啾啾，仰望白云出岫，俯瞰碧溪长流，自在可抵千金。遥想前人在如此读书圣地，朝夕闻道，释卷之余游目骋怀，岂不乐哉！

书院近旁有仙姑洞、听诗叟、洗砚池，摩崖石刻"雁荡第一泉"等景点。听诗叟在会文书院东大门外，站在辉莺院前抬头向左看，便见一块高两三米、像正在聆听吟哦老人的怪石，这就是"听诗叟"，跟北雁的"听涛叟"相映成趣。清人华栋有诗云："此叟善听诗，长向路边峙。过此不敢吟，听之恐洗耳。"

如今的会文书院经规划，以平阳历代名人为主线，对外开放展览。内容由"陈经邦、陈经正讲学堂""平阳名人馆""南雁风光"三部分组成，以珍贵的历史图片和丰富的文史资料，再现会文书院从北宋至明清一千多年历史沿革和文化成就，成为展示平阳乃至温州儒家文化和永嘉学派的窗口。

线路：温州东——沈海高速——萧江互通——57省道复线——灵内线——宝山隧道——421乡道——闸联线——南雁荡山风景区——会文书院。

王十朋：
家住梅溪水竹间

三四十年间，王十朋一直在渴求功名与林下之好之间徘徊又徘徊，等待又等待。梅溪书院是他的退避之舍，居此一边苦读一边授书，犹如热血饮冰，以待天将降大任于斯人也。

→
梅溪草堂王十朋像（陈尚云摄）

一、从梅溪书馆到梅溪书院

1127 年，北宋靖康之难时，乐清梅溪村王十朋年方 15 岁。这个远居南方僻壤的少年，感时溅泪，写下了两首忧国忧民的诗。其二写道：

帝乡五载乱离中，亿万苍生陷犬戎。
二圣远征沙漠北，六龙遥渡浙江东。
斩奸盍请朱云剑，射敌宜弯李广弓。
借问秦庭谁恸哭，草茅无路献孤忠。

在这之前，金兵南下，1121 年，战火已蔓延到了乐清。王十朋祖父王格的十几间房子被烧为灰烬。王十朋便是在"国破山河在"的苦难环境中成长，少怀忧愤，求学异常刻苦，学习《春秋》与孔孟之道，学习杜甫、范仲淹等人的诗文，曾咏"先忧后乐范文正，此志此言高孟轲"，立志报国。

梅溪村旧属乐清淡溪镇四都左原。王十朋《左原诗序》云："乐清之东三十五里，群山环绕，地名左原，以其居邑之左也。中有左岭，左湖，左口，皆以左名之。"村前有一溪明净如镜，名梅溪。

左原之东有万桥，是王十朋母亲的故里。王十朋曾一度在万桥读书。左原之南，有龙门山麓，山下的贾岙村是王十朋贾氏夫人的故里。王十朋在 14 岁至 18 岁时，在龙门鹿岩书院读书，师从精通经史百家的"鹤溪先生"潘翼。当地名士贾如规赏识王十朋人品学识，做媒把侄女贾氏嫁给他。

后，王十朋在乐成金溪招仙馆就读。金溪旁有箫台山，素有张文君炼丹、王子晋吹箫的典故，王十朋曾作《游箫峰》："蜡屐穿云去，山深喜路通。人家烟色里，古寺水声中。金溅星犹在，丹成灶已空。吹箫人不见台下想仙风。"

王十朋发愤求学，心无旁骛。据说，一日酷暑炎炎，学子皆已散去，王十朋虽汗流浃背，仍端坐于招仙馆内，全神贯注苦读，两只蚊子叮在

他背上，他仍岿然不动，浑然未觉。表弟季仲默回学堂取书，见状，一个巴掌往他背上拍去。王十朋还以为有人跟他玩笑，推开身旁人：勿闹！书还未看完！

芸窗苦读的王十朋渴望学而优则仕。然而，裹挟于时运多蹇，他的求仕道路非常曲折，屡试不第。

绍兴十四年（1144）春，王十朋在家乡创办了梅溪书馆。那一年，王十朋 33 岁。他在梅溪孝感井南面修建了房舍，开辟家塾，与二弟梦龄共同讲学。王十朋自号梅溪，自称"梅溪野人"，书馆以梅溪命名。

王十朋品格闻名遐迩，远近学子纷纷慕名而来，除本州县外，不乏从台州、安徽黄山、山东沂州等地来的士子。王十朋在《吴翼万庠赴省试序》中说："绍兴甲子（绍兴十四年），予辟梅溪，朋友以予年居其先，妄以师席见推。执卷而从者四十人。"后来，从学者愈多，达 120 人。

书馆一堂八斋，对不同士子因材施教，按照他们的基础，安排八个级段，在不同斋室分级授课。刚入门，先教本朝寇准、欧阳修、苏东坡的诗文；升级后，再教唐朝韩柳的古文，进而再教两汉辞赋；待登堂入室，上溯到先秦诸子百家如《春秋》《左传》《尚书》。

王十朋还融教于山水。他深谙"读书"与"行路"需兼之，便常带学生徜徉左原，游山玩水，即兴赋诗。梅溪南有一条汤汤巨流，"其状如雪飞空，如银沸融"。王十朋便带学生一起脱鞋卷裳涉溪，在激湍中切肤体味，采撷灵感。归于书馆，和学生一起创作《观水记》。

王十朋又重寓教于乐。《论语侍坐章》中，孔子与学生一边讲学一边弹琴，其乐融融："鼓瑟稀，铿尔，舍瑟而作。"王十朋追慕孔子在教学中的礼乐陶冶。据载，绍兴二十三年九月十二日，梅溪秋水明澈，金风爽然，孝感井旁的两棵桂树花朵怒放，散发出阵阵怡人的幽香。微风中，忽然传

← 左原风光（陈尚云摄）

→ 梅溪书馆（陈尚云摄）

来了玲玲淙淙的琴声。循声望去，原来是来自黄岩的施生正对着金秋的一树桂香，优哉游哉在树下弹琴。如此良辰美景，人间值得。其乐不异于"吾与点也"！

在王十朋的精心传授下，梅溪书馆办得有声有色，"一时物论，咸推梅溪为盛事"。

绍兴十五年乙丑（1145），王十朋第一次去临安入太学。每次赴太学，多从虹桥瑶岙驿道出发，行经雁荡山，其《度谢公岭》一诗有"十年九行役"之说，实录求仕之"行路难"。

久居太学，王十朋深知国恨，痛恨秦桧杀害岳飞的奸恶行径。却深感自己一介书生，无力回天，心中无限悲愤。《温州地方史稿》记载："王十朋在秦桧揽权时，曾赴临安入太学读书，他因不肯在卖国贼手下求取功名，在临安三四年后，遂回到家乡，在梅溪聚徒讲学。"绍兴二十二年（1152），王十朋放弃读书求仕的抱负，告假离开太学，重新隐居家乡讲学。

王十朋《题郭路庄》诗云："十年太学志未遂，归来垄亩躬桑麻。"《次济上人韵》一诗写道："老来未厌短檠光，又集青襟就故乡。"对仕途再三灰心的王十朋，拟将自己的后半生致力于传道授业培养人才的教育事业中。

自绍兴十四年辟梅溪书馆，时已十年，王十朋改梅溪书馆为梅溪书院。书院的匾额由精通书法的二弟王梦龄书写。王十朋邀请乡贤名士云集梅溪，宣告"梅溪书院"挂牌成立。至此，乐清历史上第一个正式的书院诞生。王十朋在《和李花》诗序中云："梅溪书院有李数株，土寒花瘦，游人不之赏。"

其后，王十朋在梅溪书院旁开辟了一个花园，名"小小园"，植以嘉木花卉，给每种嘉木花卉各占诗一首。将竹丛唤作娟娟林，将兰圃唤作扬扬畹，将草径唤作青青径，将菊花台唤作鲜鲜砌。这个"梅溪野人"还自称"王子野"，与园中的"柳先生""槐公子"等十一种嘉木花卉为伍，合称"林下十二子"。

又为各斋室一一取名，曰：不欺室、会趣堂、陋斋、至乐斋……王家兄弟在讲学、耕读之余饮酒赋诗，每有佳作，由二弟梦龄写成条幅珍存。这个欲济苍生的大丈夫，退而"日日深杯酒满，朝朝小圃花开"，将一片痴心移情林下，暂且做了一个"梅痴"。

从王十朋的多首诗中可见，三四十年间，他一直在渴求功名与林下之好之间徘徊又徘徊，等待又等待。梅溪书院是他的退避之舍，居此一边苦读一边授书，犹如热血饮冰，以待天将降大任于斯人也。

绍兴二十七年丁丑（1157）二月，王十朋参加在集英殿由宋高宗亲自主持的殿试。高宗对自己重新掌控朝政后的这次殿试非常重视，亲临集英殿，御笔宣示考试官："对策中有指陈时事，鲠亮切直者，并置上列。无失忠谠，无尚谄谀，称朕取士之意。"

王十朋少年时便立志复国拯民，接到试题，略一构思，便端笔恭书，激扬文字，写了一篇洋洋洒洒的万言对策。通篇以"揽权"为对，建言皇帝亲揽大权，以端正己身作为揽权的根本，以任用贤才作为揽权的手段，削权臣，兼视听，如此，"则所求无不得，所欲皆如意，虽社稷之大计，天下之大事，皆可以不动声色而为之矣"。

高宗亲自审阅后，龙颜大悦，在卷子上批道："经学淹通，议论醇正，可作第一人。"芸窗苦读数十载的王十朋，成了御笔钦点的头名状元。大器晚成，必发木铎沉音。那一年，王十朋46岁。

二、南宋无双士，东郡第一臣

王十朋状元及第后，高宗当即授他为"左丞事郎签书"，特添加为"绍兴府签到"。因家室尚未到京，留庭内听用。

时南宋朝廷以二次"绍兴和议"，向金国称臣纳币，得苟安一时的边事无犯。南宋朝廷便"只把杭州当汴州"起来，大兴土木，修建宫廷与皇陵，国库愈加匮乏。王十朋怀着一腔革除时弊的决心，向高宗耿直进谏，上疏了一个硬核札子："论内庭节省札子。"谏言节财需"圣躬亲率"，停止大兴土木；并建议裁减外庭冗多的官吏。

据说，王十朋还把这场节俭整风运动整到了高宗宠幸的刘贵妃身上。王十朋连续上疏，反对刘贵妃佩戴翡翠。刘贵妃恃宠而骄，哭诉不肯。王十朋一次不成，再次上疏，高宗无奈，只得责令刘贵妃将翡翠首饰统统销毁，从此贵妃裸妆，素颜朝天。

1163年，王十朋担任侍御史，干了一件轰动朝野、天下称快的大事。王十朋时年52岁。

侍御史是朝廷监察官。职责为弹劾百官、制约相权。上至丞相，下至百官，皆受侍御史的监察。"大事则廷辩，小事则奏弹"。侍御史是王十朋任职生涯里最位高权重的一次，可见当时在位的孝宗对他的信任与器重。王十朋也忠心耿耿，履行职责，所谓"御史一月，奏章十六"。十六个奏章，发出一个强音：抗战复兴。

平生最恨主和的王十朋，上任伊始，就呈上《论史浩札子》，列举了当朝右宰相史浩怀奸、误国、植党、盗权、忌言、蔽贤、欺君、讪上八宗罪。史浩是高宗宠过，孝宗重用的红人，一个位居高位的主和派。志在抗战复兴的孝宗接纳了意见，罢免了史浩的右相职务，降级为绍兴知府。

但王十朋不肯善罢甘休，认为史浩八罪，可抵死罪，其何可赦！于是，又上一札：《再论史浩》。由此，史浩被彻底罢官回乡，靠领一份薄禄生活，13年后，才重新起用。

史浩被罢黜，主战派一度占了上风。南宋隆兴元年（1163），孝宗任用王十朋举荐的枢密使张浚率军北伐，进攻淮东地区的金兵。然而因孝宗求胜心切，张浚书生气浓等原因，小胜之后，终出师未捷，孝宗的北伐之心动摇了。因怀疑王十朋举荐张浚的错误性，孝宗对忠心耿耿的王十朋不再言听计从，还任用了史家认为"比秦桧更秦桧"的汤思退为相。

嫉恶如鲠的王十朋，愤而提出辞职，上疏《自劾札子》，恳切劝导孝宗"以刚大为心，毋以惊扰自沮"，"恢复大业，不能以一败而动摇"。王十朋裸退还乡，在梅溪乡居一年，但身在朝野，心在庙堂，时时为国事忧。有诗为证："誓雪国耻还封疆，强虏当弱我当强。""用儒端可复侵疆，活国何劳别取方。"

1164 年，汤思退以"奸邪误国钩改敌人之罪"，受到了太学生张观等人的弹劾。孝宗重新起用王十朋，"以济大计"，知饶州。王十朋在饶州短短一年，积极劝农，平反冤狱，忠勤敬职，为民造福。次年奉命离饶知夔州时，传百姓断桥挽留。

乾道五年冬，王十朋从泉州卸任，离开时，妇孺皆泣，断桥挽留的惜别情景再现。

王十朋在 1157 年 46 岁时中状元，减去两次解官去国约一年半，正式从政生涯不到 14 年。其间，在朝廷先后 3 次任职，总共约 3 年多；其余都在 5 个州府任上。

究其 14 年在职，力主抗战，立排和议；爱国忧国，爱民忧民。

王十朋对奸邪误国之人，痛恨到了极点，可谓眼里容不下一颗沙。诗遣"了堂碑"便是一例。

此事先得从权奸秦桧说起。绍兴二年（1132），秦桧罢相，但高宗对他仍留信任，在绍兴五年（1135）6 月，以观文殿学士知温州。秦桧发了闲情逸致，游览了雁荡山。老家伙在雁荡山，居然还做了个荒诞自喜的白日梦。据《东瓯遗事》记载：

秦桧曾得一梦。梦中到了一个石室，看见那里众僧环坐，讲经论道。及至游历雁荡山罗汉洞，宛若自己梦境所见。众僧指点他前身就是雁荡山高僧诺讵罗，于是"瞿然省悟"，提出超脱尘世，出家修行的愿望，众僧劝说他"尘缘未了，尚不宜出家"。

秦桧因是在雁山筑"了堂"，立碑为"了堂碑"，碑上刻诗，有"欲了世缘那得了"云云。

绍兴二十七年（1157）秋，王十朋赴任绍兴，跟往年赴太学一样，途经雁荡山。王十朋看到了秦桧所立的"了堂碑"，怒不可遏。激愤于胸，写下一首《游灵岩辉老索诗至灵峰寄数语》，痛斥秦桧：

何人梦石室，妄诞夸一时。
那能了世缘，未免贪嗔痴。
名山误见污，公议安可欺。
愿借灵湫水，一洗了堂碑！

正邪自古同炭冰。此诗末一句，大快人心。

王十朋的耿直刚正得到朱熹的赞誉。朱熹《朱子语类》虽言王十朋"学也疏浅"，然"意思诚悫，表里如一，所至州郡上下皆风动。而今难得此等人"，"在朝廷则以犯颜纳谏为忠，在州县则以勤事爱民为职，内外交修，不遗余力"。

朱熹在《宋梅溪王忠文公集序》里评其文章"深厚质直，恳恻条畅，如其为人"。并说王十朋是诸葛亮、杜甫、颜真卿、韩愈、范仲淹五君子后又一君子。

宋孝宗称其"南宋无双士，东郡第一臣"。

乾道七年（1171），王十朋逝世，年六十。绍熙三年（1192），追谥"忠文"。有《梅溪集》。

三、梅溪访古

梅溪村头的王十朋纪念馆，由南怀瑾题写馆名。院中立圣旨碑，正殿悬"状元及第"的匾额。王十朋像端坐于殿正中，红色官服，一如他赤胆忠心。纪念馆里最引人缅怀的是"不欺室"。不欺者，"与人不欺，与世不欺"。

孝感井在纪念馆前50米的状元路畔，当地人俗称"八角井"。传说王十朋11岁时，祖父王格患病想吃鲫鱼，时值酷暑，井内并无鲫鱼，其父王辅带王十朋垂钓于井，却钓得了一条大鲫鱼，乡人以为是孝心感动上天，故名"孝感"。王十朋后来曾作《大井记》《孝感井》等诗文怀念此井。

洗砚池位于孝感井前20米。王十朋《自劾札子》云："自从总角，身在草莽，闻丑虏乱华，中华陷没，未尝不痛心疾首，与虏有不共戴天之仇。"自少年起，王十朋勤练字，感时赋诗，笔墨勤耕，竟也似右军涤墨，洗黑了一个池塘？

"状元樟"是两棵树龄八百多年的老樟树，枝叶垂垂如云，据说其一是王十朋状元及第后手植。

王十朋故居，仅残存一个破败的门台了。门前有王公洛书阵，颇似诸葛八卦阵。十五块扇面大小的石础，分列两边，一侧七块，上方下圆，另侧八块，上圆下方。村人称之为"七上八下"。这"七上八下"的布局究竟有何奥秘，至今仍是谜团。

过状元路，返回瞻仰重修过的"梅溪草堂"。草堂前，王十朋像衣袂飘飘，手持诗卷。数十个童子席地张口吟哦，一派天真，令人怀想当年梅溪书院里风声雨声读书声的好光景。

四、淡溪灵秀

默念着王十朋《题灵峰寺三绝》之"家在梅溪水竹间，穿云蜡屐可曾闲"，出梅溪，跟友人驱车，沿淡溪水库溯游而上。途经左原之东有着八百年历史的虹桥镇瑶岙古村。

王十朋对家乡山水怀着永不坠落的乡愁深情。1145年，他第一次至临安赴太学，夜宿于瑶岙。翌日清晨，从瑶岙岭驿道出发。未出乡已怀乡，

题诗一首：

> 未是他乡客，思乡已断魂。
> 明朝春色好，夜宿近花村。

1149 年秋，王十朋第四次入太学，夜宿于瑶岙的灵山寺，乡愁又起，赋诗：

> 灵山未是别乡山，回首吾庐咫尺间。
> 明日出山家渐远，乡心从此上愁颜。

状元及第后，每每赴官或还乡时，则常过雁荡山名胜。王十朋记游雁荡山的诗歌有《宿罗汉寺三绝》《游大龙湫和前韵》《游灵岩》《题灵峰寺三绝》《度谢公岭》《能仁寺赐额》等。

我们的车山行几里，一路青山绿水，在淡溪转弯的深山处，至翁卷纪念馆。宋"永嘉四灵"之一的翁卷，淡溪镇埭头村人，被称为布衣诗人，一生只参加了一次会试，就放弃了功名。平生为了生活也为了诗歌，游走四方。晚年隐居在这水竹翩跹的淡溪深山村里，搭了茅屋三四间，种了些高粱和树木，写写诗，索性做了闲云野鹤，六十左右去世。有诗集，名《四岩集》，一名《韦碧轩集》。翁卷最著名的诗《乡村四月》，多么闲淡，烟村似画：

> 绿遍山原白满川，子规声里雨如烟。
> 乡村四月闲人少，才了蚕桑又插田。

从王梅溪到翁卷。这碧绸般含珠放光的淡溪山水，蕴含了多少的斯文灵秀！

参考书目：《王十朋故事与传说》，林霞主编，线装书局 2012 年 11 月第一版。

←
王十朋坐像（陈尚云摄）

纪念馆正殿"状元及第"（陈尚云摄）

王十朋纪念馆

宁康东路

沈海高速

甬莞高速

磐石镇

灵霓线

线路：温州东——沈海高速——乐清北互通——宁康东路——010 乡道——双角尖隧道——虹三线——状元路——凤翔路——观梅路——王十朋纪念馆

刘伯温：
我昔住在南山头

刘基历来出现在历史、传说、文学中，有多种形象。或为忠义慷慨的功臣，或为精通象纬的谋士，还是著述颇丰的文豪，在文学史上，刘基与宋濂、高启并称"明初诗文三大家"。

→
刘基故里（资料照片）

一、南山藏良弓

我昔住在南山头，连山下带清溪幽。
山巅出泉宜种稻，绕屋尽是良田畴。

刘基在其诗《题富好礼所畜（村乐图）》中，描绘了一幅山水相依，良田绕屋，富足而歌的村居图景。"我昔住在南山头"，说的便是刘基故乡文成南田，旧时，南田隶属丽水青田。

《太平寰宇记》描述南田："天下七十二福地，南田居其一，万山深处，忽辟平畴，高旷绝尘，风景如画，桃源世外无多让焉。"刘基系南田将门之后，书香世家，远祖尚武，近世修文。

关于刘基祖上卜居南田武阳，有一个传说故事：高祖刘集为躲避宋末战乱，想找一处吉地安居。一日，他向山神祈祷，夜里做梦，梦见自己手持一只羊起舞。经山神庙主持解释，他应该找一个叫"舞羊"的地方。后来，刘集找到了武阳村，在此安居，繁衍生息。

你若穿山越岭来到南田武阳，便会发现，刘伯温《村乐图》的诗歌，以实景历历展现于眼前。一条溪流，自西向东流过武阳村中央的一大块水田。山巅出瀑流，白练飞溅洋洋洒洒。绕屋的水田，自2010年后，种上了万顷荷花，用以旅游观光。盛夏时节，一一风荷举；深秋时节，留得残荷听雨声。

刘伯温：我昔住在南山头

荷花池中央，有一个庙宇。庙宇里供奉的，是朱元璋的皇后马氏。缘何供奉马皇后？话说朱元璋得江山后，大肆杀害功臣。帝师刘基功大且知天文地理，朱元璋忌惮他夺其天下，想杀他。马皇后知道后，就让人偷偷送枣子、桃子、花生给刘基，暗示他"早逃生"。刘基便逃过一劫。于是，村民认为马皇后对刘基有恩，将以前供奉的马仙娘娘，换成了马皇后。

当然，这又只是一个民间传说。历史真相往往似火惨烈。

刘伯温的功勋，一在于帮朱元璋一统江山，二在于帮朱元璋开国建制。然而，刘伯温深知"狡兔死，走狗烹，飞鸟尽，良弓藏"之道，拒绝了高封相位，只接受了一个既能发挥才能、又能让皇帝安心的二品副职"御史中丞"，任务是监察百官，薪水仅有240担。封的爵位也仅仅是诚意伯。在朱元璋所诰封的开国功臣中，自魏国公徐达以下，公爵、侯爵有数十人，伯爵也有数十人，而作为朱元璋的第一谋臣及开国元勋，刘伯温只是区区伯爵中的一人而已。朱元璋曾一度称刘基为"吾之子房"，人生轨迹与汉高祖刘邦相近的朱元璋，把刘基比作是自己身边的张良。

"藏"得如此之好，刘伯温晚年还是难逃一劫。盖刘伯温嫉恶太甚，刚极必折；聪慧过人，慧极必伤。《明史纪传》载："基刚毅有大节，论天下安危义形于色，是非无所假借。"或许，祸根在他与朱元璋"论相才"的时候就埋下了。

《明太祖实录》等历史文献记载，刘基在洪武三年春应明太祖命，对三位丞相候选人杨宪、汪广洋、胡惟庸进行了评论。刘基评杨宪"有相才，无相器"，评汪广洋"偏浅"，评胡惟庸是"将偾辕而破犁"的"小犊"。

洪武四年，刘基告老还乡后，瓯括闽交界地带，盐贩子猖獗。刘基身在江湖，心在庙堂，不忘报效明朝，令长子刘琏上奏朝廷，请求在盐盗聚集的隙地——谈洋设巡检司。"胡惟庸方以左丞掌省事，挟前憾"，乘机构陷，诬陷刘氏父子看中此地有王气，图谋私用为刘家墓地。朱元璋对刘伯温一直深藏的猜忌之心终于爆发。明洪武六年（1373）七月，刘基诚惶诚恐，入朝谢罪。以天天上朝签到，表自己不敢造次之忠心。直到明洪武八年正月，宰相胡惟庸"以医来视疾，饮其药二服，有物积腹中如卷石"。三月，刘基病重返乡。四月十六日，逝。

刘基之死，一般定论为胡惟庸下了蛊毒，"萃百虫为蛊以毒"，毒发腹胀而死。后，刘基长子刘琏，也被胡惟庸陷害，投井死。

刘氏父子在身后备极哀荣。明宣德间刘家得平反。明正德九年，朝廷追赠刘基为太师，谥文成，诰书曰："慷慨有志，刚毅多谋，学为帝师，才成王佐。"嘉靖十年刘基侑享高庙，封世爵。

二、刘基的多重角色

关于刘基，历来出现在历史、传说、文学中，有多种形象。或为忠义至诚的功臣，或为天资迥异的谋士，还是著述颇丰的文豪，在文学史上，刘基与宋濂、高启并称"明初诗文三大家"。

《明史刘基传》载："基虬髯，貌修伟，慷慨有大节，论天下安危，义形于色。帝察其至诚，任以心膂。"

"凡天文，兵法诸书，过目洞识其要。诸家百氏，

→
百丈漈观瀑亭

刘伯温：我昔住在南山头

过目即洞其旨。"

14 岁至 18 岁的刘伯温，在青田石门书院读书，拜师郑复初，闻濂洛之学。

刘基弃元朝后，49 岁至 50 岁之间，隐居故里著《郁离子》，50 岁出山辅佐朱元璋。

刘基在 50 岁至 65 岁期间，成为朱元璋的第一谋臣，向朱元璋献计十八策，制定统一蓝图，并与朱元璋一起亲自带兵作战，取得龙湾之战、江州之战、鄱阳湖大战等战役的胜利，灭陈友谅，为明朝的奠基立下汗马功劳。后，相继任太史令、御史中丞、弘文馆学士，并首任考试官；在位期间，勘定建设明皇城，为明王朝制定了系列典章制度、确定历法；参与《大明律》草创，奏立军卫法、加强军队制度建设；复兴科举、辅弼明王朝选拔人才。被誉为"三分天下诸葛亮，一统江山刘伯温"，"渡江策士无双，开国文臣第一"。（俞美玉《论述刘伯温智慧之根基》）

《明史刘基传》又载："基博通经史，于书无不窥，尤精象纬之学。"

因精通天文术数，擅望气占候，刘基在民间传说中，一如诸葛亮在《三国演义》中，智高近乎妖。

《行状》载：刘基"尝游西湖，有异云起西北，光映湖水中。时鲁道原、宇文公谅诸同游者皆以为庆云，将分韵赋诗，公独纵饮不顾，乃大言'此天子气也，应在金陵，十年后，有王者起其下，我当辅之'"。

《明史刘基传》载："基请移军湖口扼之，以金木相犯日决胜，友谅走死。"

对于刘基精通天文术数，朱元璋是既爱且忌。朱元璋曾说："以孤所闻，知象纬者，莫如青田刘基。"在各种传闻中，刘基知天文术数，为朱元璋打天下添加了天时地利的制胜砝码；功成之后，这

个逆知未来的预言家，显然，又让阴忍擅疑的洪武帝刚坐稳江山的那只屁股，如坐针毡。

于是，谈洋事件的遭遇，是历史的必然。论相才得罪佞臣，只是早先埋下的一条导火线。

晚年的刘伯温，显然意识到了这一点，在他临终时，把自家几可充栋的天文术数之书封存，秘藏到石室中，嘱咐儿子刘琏在他去世之日，立即上交给圣上，以释帝忌。同时，临终遗言，严禁自己的子孙研习天文术数，以免引来杀身灭族之祸。事实上，刘氏虽未被灭族，但是刘氏父子二人已遭杀身。

据《皇明辅世编》载，当刘基去世时，洪武帝也急急派遣御史前往南田，索取刘家的天文术数秘籍。"琏遵父命藏石室，御史至，悉取授之，从御史赴述父遗命。上喜。"

刘氏家族在此之际仓皇安排刘琏、刘璟各一子出逃，在温州丽水两地开枝散叶，渐渐人丁兴旺，至今，刘氏后裔在永嘉郡一脉近七万人。

三、刘基文化不仅是瓯越文化

周群在《刘基儒学思想刍议》等著述中认为，刘基的学术思想明显着染了永嘉学派"提倡事功"的传统。刘基的"必有见于行"的知行观，"仁""勇"兼济的"成人之道"，基本承继了浙东学派的经世致用的思想特色。刘基的思想，实质上也是跟瓯越文化的类同。

陈胜华则认为：刘基和叶适是瓯越文化星空里的双子星座，忽略了其中的任何一位，瓯越文化的研究都将是严重的缺憾。（陈胜华《刘基与瓯越文化论略》）

刘基曾与瑞安高楼的著名戏曲家高则诚交游甚密。写有《次韵高则诚雨中》（三首），其一为：

吴苑西风禾黍黄，越乡倦客葛衣凉。
楸梧夜冷乌经树，霜露秋清蜂闭房。
天上出车无召虎，人间卖卜有王郎。
干戈满目难回首，梦到空山月满堂。

刘基创作有近十篇与瓯越有关的诗文。除了写归田园居之乐的《题富好礼所畜（村乐图）》外，还有表仕途悲愁的《在永嘉作》长诗：

高屋集飞雨，萧条生早寒。
我来复几时，明月缺已团。
……
孤雁号南飞，音声凄以酸。
顾瞻望桑梓，慷慨起长叹。

著名的寓言《冯妇之死》，直指温州方言的发音问题，让温州人感同身受，啼笑皆非："东瓯之人谓火为虎，其称火与虎无别也。其国无陶冶，而覆屋以茅，故多火灾，国人咸苦之。"

于是，去晋国经商的温州商人，请来了一个"善搏虎"的冯妇，东瓯君大喜，虚左恭迎这个"善扑火"的女英雄。第二天，集市上有火灾，冯妇闻之，撸起袖子去"搏虎"，满大街找，却没见到"虎"。众人急急拥着冯妇去"扑火"，冯妇"灼而死"。

在温州，广泛地流传着关于刘伯温的传说，比如《白鹿城》《百里坊》《矮凳桥》《千读百温》《中秋月饼》……

《百里坊》的传说，其中意味，耐人咀嚼。朱元璋攻打白鹿城三年不下，因而气急败坏。刘基掐指一算，认为天狗能克白鹿，便说朱元璋是天狗下凡，建议他学狗叫三声，必能克城。朱元璋虽心中不快，然而不得已而从之，汪汪汪吠三声，城墙果然塌了五十丈。朱氏入城后，大肆屠杀。杀得天昏地暗时，天空飘来四字：万岁抬头。朱元

←
刘伯温像

→
刘伯温纪念馆（郑高华摄）

璋抬头。天空继而又飘来三字：百里坊。刘伯温顺势劝说朱元璋杀戒已开整整百里，应顺天意，收兵止杀。朱元璋便止戈于百里坊。

狗在中国语境里向来多贬损的寓意。把朱元璋喻为"天狗"，大略是讽喻他咬人饮血、屠戮无辜、滥杀功臣的残忍。刘基劝其止戈，则是仁者仁心。

因为南田镇的区域属地划分的变更，青田与文成曾有刘伯温文化归属权之争。对此，学者洪振宁先生说："刘基不仅仅只属于文成，他属于青田、丽水、温州、中国乃至全世界。"

刘基博通儒家、兵家、诸子百家，知天文地理，精诗词歌赋。可谓"通天、通地、通人"的奇才。诚然，刘基文化不仅是瓯越文化，更是中国文化，甚至是世界文化。

钱仲联先生评："刘基政治、道德、文章，在明初首屈一指，较之同时的宋濂实有过之；故取以冠明代。"章太炎在《兴浙学会叙》里将刘基列为华夏伟人之一，并且写信给刘基后裔刘耀东，自言百年之后欲葬于刘基墓旁，"冢墓相连""以申生死慕义之志"。

四、奇山奇水出奇才

由刘基庙和百丈漈两大核心景区构成的刘伯温故里景区，正处于刘基"择山水相依之地养生"的理想环境之中。

刘基庙，即钦建诚意伯庙，位于南田镇华盖山南麓。明天顺二年（1458）敕建，占地面积约3024平方米，为七开间回廊合院式木构建筑，主体依次为头门、仪门、正厅、追远祠四进。正厅系穿斗式梁架结构，重檐歇山顶，厅高10余米；中堂塑有刘基及长子刘琏、次子刘璟坐像。头门外设"王佐""帝师"双木牌坊，庙内悬刘权之、章太炎、蔡元培、林森等历代名流缅怀先贤勋业

↑→
武阳书院（资料照片）

的楹联匾额。环境清幽，规制恢宏，风格古朴，庄严肃穆。庙周文物古迹众多，有元建徐忠勇祠，及明清建古民居群等。2001 年被列为全国重点文物保护单位。

南田武阳村，有"阳村八景"：故居探幽、书院寻踪、赏荷观星、茶堂品茗、迷途客栈、仙鹤点穴、求学之路、三瀑奇观。

刘基故居为五开间，被构建成一个山水背景下的农村院落，院内有刘基归隐后修建房舍的碑志，另有石臼等用物。房屋内，有正堂、书房、卧室。其质朴，一如《明史·刘基传》载："洪武四年正月赐老归，惟饮酒，弈棋，口不言功。邑令求见不得，微服为野人谒见。基方濯足，令从子引入茅舍。"

武阳书院，则偏重于刘基在"大传统"中的历史人物形象。刘基挂像虬髯威仪，朱元璋敕封刘基及其父母的诏书，意味着大传统对祖先的历史地位和名声的确认。书院外有匾额、楹联，墙上有刘基母亲富氏教子图。

百丈漈，汇集南田诸水而成飞流，自海拔 600 余米的高山绝壁倾泻而下，突奔于深壑巨涧之中，形成阶梯型"三折"瀑布群，总落差 353 米，为华夏之最。"一漈雄、二漈奇、三漈幽"，水似飞珠溅玉，飘纱凝虹；声如怒雷惊涛，撼山震地。

刘伯温有观瀑诗云："悬崖峭壁使人惊，百斛长空抛水晶；六月不辞飞霜雪，三冬更有怒雷鸣。"沿百丈漈行，还可观赏吕洞宾道庐遗址、陶真人炼丹台、刘伯温观瀑台、罗隐观瀑崖等诸多人文景观。

南田出了"通天、通地、通人"的五百年一出的奇才刘伯温，这山水必是非凡的山水。正所谓奇山奇水出奇才！

参考书目：《坐论南山·刘伯温研究》，周群、郑文青主编，人民出版社 2019 年 8 月第一版。

青田县

刘伯温故里景区
刘基庙

332国道

332国道

瑞安市

平阳县

苍南县

线路：温州东——沈海高速——温州绕城高速——龙丽温高速——文成互通——体育场路——百丈漈——大南线——十黄线——武阳书院——刘基故里

永昌堡：江南第一堡

永昌堡东临滔滔东海，西倚苍苍罗山，南接古刹天柱寺，堪称海防前哨所。因其格局雄伟，功能齐备，集战略意义与住宅宗祠为一体，被称为"江南第一堡"。以其民建的特点，永昌堡几乎可视为温州民营经济在早期运作中的成功模式。

→
永昌堡（资料照片）

一、永昌堡的抗倭风云录

若要说永昌堡的抗倭风云录，以及英桥王氏奕世簪缨的故事，不妨先从英桥王氏的第七世祖先王溪桥公开始。

王溪桥（1450—1536），名钲，字九思，温州永昌人。王溪桥早年丧父，习文之余，随叔叔学耕种，晒盐，维持家里生活，其恭谦勤俭为人称道。20岁时，娶三都张璁（张阁老）的姐姐为妻。换言之，王溪桥与后来成为明朝嘉靖内阁首辅的张阁老，是姑爷与老婆舅的关系。

王溪桥有三子。长子王澈（1473—1551），官至福建布政司参议。辞官后，乡居十多年，好善乐施，曾在饥年（嘉靖二十四年）为乡邻施粥两月余，日食者逾千人；又独资建王氏宗祠。次子王激（1476—1537），官最显贵，在职时，政风肃严，除暴安良，封通政司右通政，提任国子监祭酒兼经筵讲官。嘉靖十三年，皇帝赐王激诰命。三子王沛，英武魁梧，志在报国。成年后，看到官场昏聩，不愿入仕，耕读于横塘之上，畅游于瑶溪青山碧水之间，习武学医，因医术高明，品德超群，被誉为"益府名医"，推为族正。

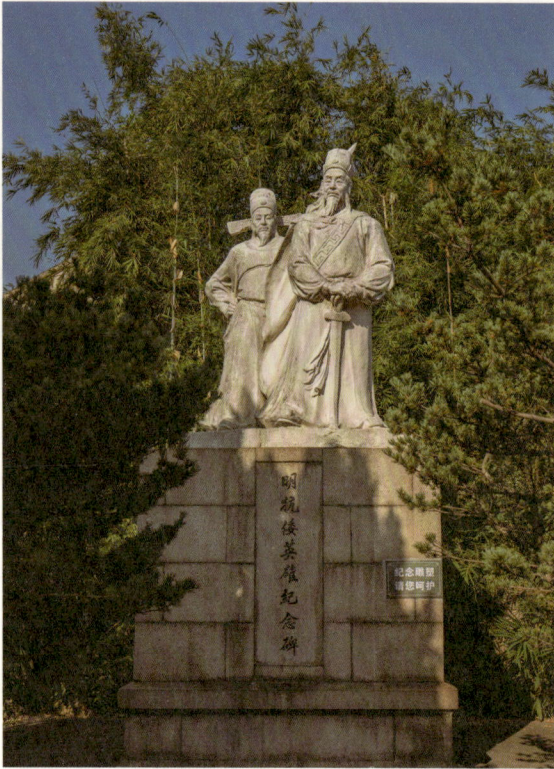

↑
王沛、王德纪念碑（王志文摄）

王叔果、王书杲像（王志文摄）

王澈于知天命之年方得子，生二子，皆为人中凤。长子王叔果（1516—1588），次子王叔杲（1517—1600），皆少年便敏而好学。叔果幼时颖慧，7 岁能对对，11 岁全家跟着父亲住在北京。曾跟翰林卢文溪学《周礼》，一次在国学考试中，得第一，补郡生员，中举人。叔杲比兄叔果少一岁。7 岁受书便能朗诵如流。12 岁在北京跟叔果学《礼记》。嘉靖廿二年，中举人。王氏兄弟，才华旷世，名冠瓯越，被世人称为"王氏双璧"。

元末明初，正当日本的南朝北朝封建割据，在内战中失败的南朝封建主及武士溃兵，退避海上，勾结浪人，组成海盗集团，经常驾船走私，抢劫和骚扰东南滨海，历史上称为"倭寇"。

倭寇侵温，从洪武至嘉靖，见于史籍记载的多达 33 次。嘉靖三十一年到嘉靖四十一年，侵扰愈演愈烈，平均每年多次。倭寇至，流窜于乐清、平阳、永嘉等地，杀人放火，买通内奸，捆载财物，掳掠男女，收取赎金，极尽猖獗。《英桥王氏家录内编筑堡纪事》揭露倭寇入侵："自坊郭以至僻壤穷乡，高山邃谷，率用士人向导，搜劫无疑。"

其时，被族人推崇的"益府良医"王沛，发动乡人，很快组成了一支千余人的抗倭队伍，平时演习武艺，汛潮期间，带领义兵集中在王氏祠堂加倍操练，时刻防患。

嘉靖三十一年（1552）初，一支倭寇向永强侵扰。王沛带领抗倭队伍奋起反抗，击退敌寇，首战告捷。不久，其祖侄王德望乡情切，由广东辞官归乡，协助募兵逾千人，由此，抗倭队伍扩大至两千余人，士气高昂，严阵以待。

嘉靖三十五年（1557）十月，倭寇又至。王沛、王德合力率兵抗击，一番鏖战，斩敌十六，生擒十四，夺马十余匹，俘获数十人，大获全胜，一时威震浙南。

嘉靖三十七年（1558）四月，倭寇卷土重来，泊船东海滨，气焰嚣张，扬言要先破永强，后破温州城府。王沛其时已逾古稀，风烛残年，仍坚守并誓师："今若退一尺，便失一丈，决不能为自身计，忍看乡闾成废墟！"他率兵直赴梅岗（今海城），驻扎在半山腰，以觇敌情。王德则屯驻山前瞭望。佯装下海逃遁的倭寇，趁义兵兵分两路之际，半路返回出击，包围了王沛队伍。王沛奋起冲杀，却因寡不敌众，不幸壮烈牺牲于梅岗。白发将领，终年 74 岁。其后，倭寇围攻温州府城，王德保卫家乡心切，以及复仇心切，率义兵奔赴温州府解围。但不料，敌寇却埋伏在龙湾金岙，截住义兵，猝然袭击，王德不幸阵亡。至此，两位抗倭义士均为乡捐躯，乡人无不恸哭。

嘉靖三十七年（1558）秋，在京任兵部主事的王叔果因父亲过世，星夜驰骋，告假回乡扫墓。目见家乡遭倭寇侵扰，民生涂炭，耳闻三叔王沛及族弟王德抗倭牺牲，叔果悲愤交集，上疏请筑永昌堡。获准后，便发动乡人，筹集资金，筑堡抵御，"固营垒以待敌"。其弟王叔杲放弃京师会试的机会，亲临现场督工。延至嘉靖四十一年（1562），王叔杲才考取进士。

乡里同仇敌忾，不管严寒酷暑，日夜不辍赶工，历时 11 个月，1559 年底，永昌堡筑成。城墙呈长方形，周长 5 里，城高 8 米，内外壁均用块石斜垒，雄伟壮观，固若金汤，成为温州东南沿海抗倭的一道坚固屏障。值得一提的是，筑永昌堡所费资金大半由叔果、叔杲家族倾囊承担。

嘉靖三十八年（1559），倭寇复来犯。其时城墙虽仅建了一半，但倭寇逡巡许久，望而生畏，忌惮堡内有埋伏，不敢轻易入内，掉头而去。

嘉靖四十年（1561），又一批倭寇登陆侵扰。此批敌寇狡黠，先在古城西筑起瞭望台，窥探堡

↑
王诤故居（王志文摄）

→
世大夫祠（王志文摄）

王氏宗祠二门"奕世簪缨"匾额（王志文摄）

内动静，并扬言要围困一年半载，欲打一场不攻自破的围困拉锯战。王叔杲迅速通知远近居民避于堡内。叔杲率领三叔王沛留下的义兵，坚守城池，并且用了一条"谷糠计"，智退敌寇，相持半月之后，倭寇粮尽力竭，灰溜溜地退去。

所谓谷糠计，此处宕开一笔说来。当时正值稻谷青黄不接的季节。永昌堡内藏着几千人，若旷日持久下去，缺粮会成为最大的难题。王叔杲急中生智，谷不够，糠来凑。他动员乡亲把家中的谷糠翻出，晒在阡陌交通之上。远望，永昌堡遍地皆谷，丰衣足食。叔杲又叫乡民在多条船舱里铺满石头，在石头上敷一层谷糠，派人在河上来回运载，连日不辍。瞭望台上的敌寇见之，大惊："堡内粮食富足，恐一时难以破城！"相持半月，倭寇缺粮饥馁，军心溃散，狼狈退兵。

此后，倭寇久未来犯。永昌堡内外，街市太平。有史可稽，永昌堡曾八次取得了抗倭保卫战的胜利。抗日战争时，永昌堡也成为防御阵地。

二、永昌堡风景

永昌堡东临滔滔东海，西倚苍苍罗山，南接古刹天柱寺，堪称海防前哨所。因其格局雄伟，功能齐备，集战略意义与住宅宗祠为一体，被称为"江南第一堡"。以其民建的特点，永昌堡几乎可视为温州民营经济在早期运作中的成功模式。

城堡有空心敌台12座，瞭望孔与炮眼密布，观八方敌情。东西南北设有四座城门，依次为"环海""迎川""镇山""通市"。其中，临海的东门"环海"，因首当其冲，属战略重地，设瓮城，城门二重，双层炮道，用以迷惑倭寇，可"瓮中捉鳖"，增强了军事防御功能。当年永昌堡建好后，倭寇猖獗来犯，用火攻，烧掉南门之后，发现瓮城中还有

↑
永昌堡水乡风貌（王志文摄）

→
左昌桥（王志文摄）

永昌堡：江南第一堡

一重城门，倭寇恐有埋伏，不敢冒进，遂退。而今，"环海"第一道城门尚留"伤疤"，火烧城门导致的石阶断裂的旧痕，犹历历在目。

堡外四周，有护城河萦绕。经水门，城内开凿二渠，引水入城，贯穿南北，为上河与下河，以利灌溉、浣洗及舟楫往来。上河与下河之间，河浃如鱼刺般次第横排，称二河十浃。河上古桥纵横宛转，为水乡交通。上河架七桥，为会秀桥、联芳桥、丼头桥、左昌桥、世裔桥等；下河架十桥，为东门桥、御史桥、东昌桥等。其中联芳桥、左昌桥为王叔果王叔杲兄弟所建。左昌桥建于明万历丙子年（1576），在叔果府第外，是堡内最漂亮的一座石拱桥，石拱圆美，如虹汲水，桥面均是长条青石板，凿有古拙花纹，桥边榕树如翠霞掩映，水乡风光，如梦似画。迄今四百多年，左昌桥还保持古雅原貌。每当盛夏季节，许多村民静坐于榕树下的桥墩上，纳凉闲谈。

堡内依水建房，沿河建街，店铺林立，生活气息浓郁。舟楫在青青河柳的掩映下，或静泊，或轻摇，一派小桥流水人家的江南风光。立于河岸，举目可见远处的大罗山形如华盖，庇护一乡。永昌英桥里旧时也称"华盖乡"。

最为可贵之处，永昌堡具备"高筑墙，广积粮"的战略高度。城堡内东墙根与西墙根各辟有良田150余亩，耕种有时，收成有时。一次，倭寇围城，高筑指挥台窥堡内动静，见堡内良田百亩，骇然而退。

永昌堡为第五批全国重点文物保护单位。堡内保留着诸多美轮美奂的文物古迹。

建于明嘉靖二十一年（1542）的"王氏宗祠"，坐落于堡内上河西北角，由布政司王澈出资所建。占地13亩，二进加厢，左右加轩，计40余间。

宗祠头门为石牌坊，花岗岩结构，四柱，中间二柱略高，约二丈余，牌坊上部前后置双石檐，托石星斗，石额内刻双凤凰花纹，故又名"双凤石牌楼"。中间题刻"王氏宗祠"四个大字，系王澈的墨迹。此石牌坊具有研究和欣赏明代雕刻艺术的价值。

二门上悬挂着"奕世簪缨"的匾额，原系明代名人墨迹，"文革"时毁，后由书法家曾耕西书写。王氏家族书香门第，世代荣耀，历史上出现众多的名人。

大堂中有五柱，八对楹联。精凿花岗岩游廊，台阶长条石，飞檐吊斗，雕刻精美。1988年，王氏宗祠被市政府列为永昌堡内重点保护文物。有"江南故宫"之美称。

王氏宗祠自清光绪三十年（1904）办学以来，历经百年，学子数万，英才辈出。1994年5月，永昌中心小学搬迁新校舍后，经省文物局批准，正式命为永昌博物馆。

头门有明万历钦赐"世大夫"的世大夫祠，位于堡内上仓浃西首，坐北朝南。由王叔杲于明万历四年建。二进加厢，计24间。

世大夫祠是王叔果兄弟的家庙，因其祖父王溪桥、叔父王激及兄弟俩一家三代皆荣为大夫，故称世大夫祠。

祠门上方为明万历钦赐"世大夫祠"匾额。两侧加轩，设东塾和西塾，供子弟念书。

中堂有三楹，上有万历皇帝圣旨，下有玉音一联："惟忠惟孝尚无忝乎令名，是父是子方有羡於善继。"其二联是清代生员王仲楣所写："礼重崇先祖有德宗有功从是本支联百世，父遵合享教所尊爱所亲在庭陟降永千秋。"三联是清代秀才书法家王荣年墨迹："祖孙父子簪绂相丞踵誉乌衣为东瓯第一阀，岁时伏腊俎豆斯在贻谋燕翼启后嗣亿万年。"

1988 年，市政府列世大夫祠为永昌堡内重点保护文物。

此外，堡内还有建于明隆庆三年（1569）的"都堂第"，建于明万历二年（1754）的布政司祠，以及状元第、古牌坊、古墙、古井、石板坦。

堡内文化兴盛，人才辈出，历经数百年而不衰。一如王季思先生所言："薪尽火传光不绝，长留双眼看春星。"自明弘治（1488）以后，出过状元一名，传胪一名（二甲一榜），进士十三名，举人贡士九十余名；历史著作七十多部，素称文化之乡。

戏曲宗师王季思（1906—1996），便是永昌人，早年就读于省立温州第十中学，后转学瑞安，住在孙诒让先生家中，深受籀庼先生严谨治学之风的熏陶。季思先生一生钟情并致力于古典文学及古代戏曲的研究，数十年如一日笔耕不辍，编有《桃花扇校注》《中国十大古典悲剧集》《中国十大古典喜剧集》《元杂剧选》《元散曲选》《中国戏曲选》等。"人生有限而无限，历史无情还有情。薪尽火传光不绝，长留双眼看春星。"这是季思先生题于自家新玉轮轩上的诗句。

参考书目：《永昌堡》，王国恩编，香港天马图书有限公司 2003 年 11 月初版。

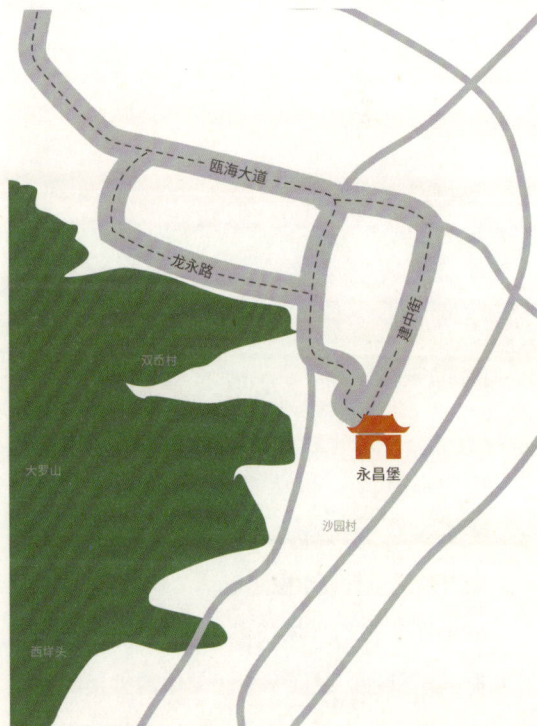

线路：市区——瓯海大道——龙江路——上横河路——高新大道——永青路——新城街——永昌堡

玉海楼：
颐园松菊，玉海图书

藏书楼最忌兵火水虫之厄。

孙诒让去世后，孙氏家境败落。诸子年幼，开始时失于管理，继而家族子弟中觊觎楼藏珍秘的，不乏其人。于是，楼内群籍，稍稍散出。书籍开始了流离失所的命运。

一、"如玉之珍贵，若海之浩瀚"

光绪十五年春，太仆寺卿孙衣言在瑞安城东虞池金带桥北建玉海楼。孙氏因慕宋代王应麟博极群书，便以王应麟规模宏大的巨著《玉海》来命名其楼，以示藏书"如玉之珍贵，若海之浩瀚"。

玉海楼南北均有方塘，东面临河，三面环水，西侧与住宅相连。主屋渠前，一棵百年榕树细数光阴，繁茂的枝叶掩映着门台上李文田书的"玉海楼书藏"石额。石联为郭沫若所题："玉成桃李，海涌波澜。"

进门，庭院敞广，月洞门上花蔓似瀑，繁花怒发，满墙芬芳。花名极其娴雅：使君子。花香衬书香，安雅妙境，正如楼中孙衣言撰写的木制楹联："桃花渌水，秋月春风，无往非适；刘略班艺，虞志荀录，伊昔有怀。"

旧日藏书之所，是前楼的二楼，楼的正中，"玉海楼"三字横额，由潘祖荫手书。并以行草作识语："琴西世丈以深宁叟（宋王应麟）名其书者额其藏书楼，且公诸后生之能读书者，其用心深厚已。光绪己丑春年家子潘祖荫识。"

一楼曾贮藏《永嘉丛书》版刻四千余片，并辟精室为邑人提供阅览场所。孙衣言在《玉海楼藏书记》曾言："乡里后生，有读书之才，读书之志，而能无谬我约，皆可以就我庐，读我书，天下之宝，我固不欲为一家之储也。"

两边悬挂赵之谦、张熙等人撰写的"疏峰抗高馆，清川过石渠""题品江山归画卷，搜罗风月到诗篇""阁上著书刘向卧，门前修刺孔融来"等多幅楹联，与楼上书城交相辉映。

玉海楼西侧，有小屋五间。一弯半月形荷池，如偃月栖地，池内白莲映水，深得园林之趣。孙

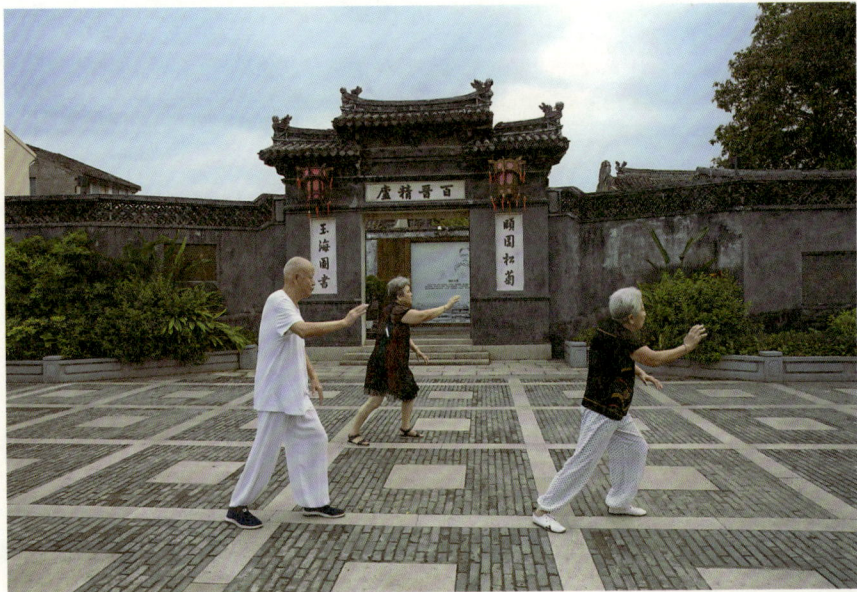

玉海楼：颐园松菊，玉海图书

衣言官至三品太仆寺卿，三品官邸才可配有月形池。孙衣言《玉海楼旁新作小斋记》："予营新居既成，东厢之南有隙地十数弓，命工补为小室五楹，广四丈，深得广三之一，窗其两旁，辟扉其首及左右胁，宛然舟居，遂以'恰受舫'榜之。"镌有石刻门联："颐园松菊，玉海图书。"光绪廿年孙衣言故后，其次子孙诒让近四十载均在此潜心著书，名之"百晋陶斋。"王懿荣曾书匾额，今佚。

二、玉海楼得书录

孙氏原世居瑞安西北二十五都集善乡演下村（今瑞安市陶山区潘岙乡砚下村），世代书香，但先辈的藏书并不多，到了孙衣言、孙锵鸣兄弟藏书始显。孙衣言《玉海楼藏书记》载："先大父好聚图籍，儿时见先世旧藏多前朝善本，丹黄殆遍，经乱后，无复存者。"因此，玉海楼的书藏实际上始于孙衣言，盛于孙诒让。

光绪五年，孙衣言去官还乡，"归装惟有缥缃甚富"。据《籀公年谱》记载，这些书运到里门时，

存于孙衣言的旧书斋"逊学斋"，一时，逊学斋书满为患，几可充栋。孙衣言《玉海楼藏书记》云："十余年间，致书约八九万卷。……旧居偏隘，苦不能容。今年春，为次儿卜筑河上，乃于金带桥北别建大楼，南北相向各五楹，专为藏书读书之所，尽徙旧藏，庋之楼上。"光绪十五年春，孙衣言开始在城东虞池金带桥北营建广厦及玉海楼，当年秋落成。

据张宪文先生《仰云楼文录》，玉海楼书藏十几万册，来源大致有三。

一为购取故家遗书。《玉海楼藏书记》："予初官翰林，稍益购书，以禄薄不能尽如所欲。同治戊辰七年（1868）复为监司金陵，东南'寇乱之余，故家遗书，往往散出，而海东舶来，且有中土所未见者。次儿诒让，亦颇知好书，乃令恣意购求，十余年间，致书约八九万卷。'"

孙衣言自同治七年至光绪五年，历任江南盐法道、安徽按察使、湖北、江宁布政使。江苏、安徽、湖北三省是人文丰饶、私家藏书荟萃之地，也是太平天国战争最激烈的地区。孙氏在游宦生

→

孙衣言

孙诒让

涯中，结交了各地的硕儒名彦，因此，获得了购取故家遗书的广泛渠道。据《玉海楼善本书目》载，所购故家遗书有：宁波范式天一阁，绍兴祁氏澹生堂，会稽钮石溪世学楼，常熟毛氏汲古阁，钱氏绛云楼，海宁吴骞拜经楼，等等。

所得诸家之书，都钤有收藏印记。共得宋刻本《尹文子》《增广注释音辨唐柳先生文集》《客亭类稿》《新编方舆胜览》、元刻本《新唐书》《通鉴地理通释》《吕氏春秋》《乐府诗集》等几十种。得书经过，记录于《逊学斋文钞》、孙诒让所作的书跋、孙延钊所编的《先征君籀公年谱》。

二为移录阁本及诸家书藏。孙衣言《逊学斋文续钞》卷一："宋时吾乡前辈，皆能读书善著述，年久率多亡佚，其幸而存者，仅有秘府著录，人间绝少传本，乡人士往往不得见之。"于是，孙氏致力于搜集乡先生遗著，从湖州陆心源和钱塘丁丙二家得书最多。"存斋（陆心源）富于藏书，予搜访乡先生集，往往求之存斋，存斋所有者，不予靳也。"同时，还常向丁丙八千卷楼借钞群籍。

同治七年，孙衣言调官京城，从京师同年钱桂森家得见数年求之而未得的明正统戊辰公允刻本《水心先生文集》二十九卷，大喜，便以手校的乾隆间叶适后人刻本与之交换。孙氏还向翁同龢"觅乡先生集"，得到帝师处所有法式善旧藏四库副本《许及之集》，除录副外，又校勘纰误，喜而归之。先后得到世罕传本，如：宋刘安上《给谏集》、刘安节《左史集》、周行己《浮沚集》、许及之《涉斋集》、叶适《习学记言》《水心集》等书。孙衣言在任职湖北布政使时，命孙诒让一一细加校雠，由湖北官书局刊为《永嘉丛书》。

孙氏父子求书若渴，得书则每每欣喜若狂。为广求乡贤遗著，他们指定专人，在各地分管其事，四处联络，凡巨著詹言，皆在搜访范畴。先后得乡贤遗著二百六十多种，加之先前所有，共四百六十多种。其中不少抄录自旧家谱牒。此举不仅丰富了玉海楼的书藏，而且为保护地方文献，给后人录副和刊布乡贤群籍奠定了基础，贡献巨大。

三为师友投赠。赠书者计有：曾国藩、钱泰吉、林昌彝、姚复庄、陈用光、何绍基、俞樾等诸家。

玉海楼：颐园松菊，玉海图书

↑
玉海楼俯瞰图（苏立锁摄）

→
玉海楼内院

玉海楼：颐园松菊，玉海图书

所赠多为自著。

此外，玉海楼还有不少新书和报刊杂志。孙氏自光绪二十年起即接受西学，戊戌前后，深感"深感所学与时人不相应"，转而讲求新学，多方搜集有关实务的各类政书。孙诒让订阅的报刊有：上海的《申报》《万国公报》《新闻报》《时事报旬刊》《实学报》《译书公会报》、日本东京的《民报》等。孙诒让购置的有关西方政治文化及国人讲求富强的著作，累计数千册，在玉海楼一楼辟专室插架。晚清藏书家能顺应潮流，接受西学，孙氏堪称翘楚。

三、玉海楼捐书记

玉海楼藏书自光绪十四年至三十四年的 20 年间，均由孙诒让掌管。"楼中藏书……经费，……今拨入荡园二百亩，另每年租息约近二百千左右，目前交与次儿收管，每年补买书籍，刊书，钞书及一切杂用，均于此项内开销。"戊戌前后，孙诒让接受西方文化，潜心新学，玉海楼又添置了不少新书，此间为玉海楼的全盛时期。

孙诒让去世后，孙氏家境败落。诸子年幼，开始时失于管理，继而家族子弟中觊觎楼藏珍秘的，不乏其人。于是，楼内群籍，稍稍散出。书籍开始了流离失所的命运。

2013 年，卢礼阳、鲁方平等先生曾前往杭州访问孙诒让的孙子、孙延钊的儿子孙宝麟，获知玉海楼书籍流失的颇多令人唏嘘的细节。解放前后，玉海楼曾经历一些失失得得的曲折插曲。

孙诒让原配慈湖诸氏，二房金陵陈氏，三房扬州杨氏。子女辈八个兄弟、一个妹妹。孙诒让故后，家族分家，原本玉海楼是分给六房儿子的。因为六房是一名算命先生，是瘸子，品性老实，料想他不会把书卖掉。后来，六子也败落了，无以为生，就把玉海楼典押给当地名士、文保员唐澄士。但六房没钱赎回来。最后，还是孙延钊（孟晋）出钱赎回了玉海楼。

孙延钊时任籀园图书馆馆长。为维护书藏，用尽脑力。其余兄弟，都想把书卖了，惟孙延钊坚决不让。据孙宝麟回忆，为此事，第七个、第八个叔叔闹到温州，在县前头，与父亲孙延钊还扭打起来。结果，孙延钊出钱，把书留了下来。

那时候，玉海楼书藏有十几万册，孙延钊选出了精华放在藤箱里，在其先后任职温馆、省通志馆时，都带在身边。后来逃难到碧湖、龙泉的时候，也一直把"精中精"的书籍带在身边。

藏书楼最忌兵火水虫之厄。

"这些东西，不要以为就是书而已，那时候费用也很大的，还要放很多精力进去，要防水防火，还要防白蚁，每年还要拿出来晒。这些东西弄不好就没用了，所以他（孙延钊）就动尽脑子，他说本来想拿到瑞安去，但瑞安那些人信不过，送到那边就完了。……我读的是机械，不是搞文史的，给我传，也传不好。"孙宝麟回忆道。

尽管如此，玉海楼的藏书，包括善本在内，虽久历沧桑，基本上还是保留了下来。这是由于玉海楼第三代主人孙延钊先生先后三次把楼藏作了大量及彻底的捐赠。

第一次，是 1915 年。《籀公年谱》民国四年年下："瑞安县公立图书馆成立于西山文昌阁。我家检出先世旧弄三千六册，分批送入馆中作为基本庋藏。内有古籍通行本，近代各种刊本及杂志报章等读物。"

第二次，是 1947 年，捐赠给前浙江大学文学院。所赠图书 465 部，2003 册，麦鼎、要君盂、四代铜尺、汉五凤砖、至万世砖、元官印、"汲古堂志"四字款识端砚、石章等文物 38 件，拓片

↑
玉海楼内院

202 幅。此外，还有《永嘉丛书》版片 2460 片、《籀庼手札》《曲园手札》各一册，孙诒让墨迹二十一件。所赠图书，绝大部分是善本，其中有宋版一种。

该年，浙大文学院购得湖州嘉业堂的部分善本，为充实图书以便办文学院研究所，任心叔教授看中了玉海楼。为这事，他跟夏承焘先生恳谈："仲容（孙诒让）先生好多遗著和批校本还没有整理出版，现孟晋先生已五十多岁，昆弟辈无心于此，儿子又学工程，年岁一久，遗泽难免埋没，能否劝孟晋以先芬为念，将这些书让给文学院，将来或能像罗振玉印高邮王氏遗书那样，好陆续整理付印。"夏承焘听后深有同感，当日即赴通志馆会晤孙延钊先生，转告此意。孙延钊当即答应。表示，"如能请政府褒扬，并负责保管，愿不受浙大一钱，尽数捐赠，惟此事须由浙大以征求全省藏家文物为名，使我好对族人说话"。

夏承焘和任心叔原本只求孙诒让的批校本及遗著手稿，而孙延钊竟愿意捐赠全藏，便大喜过望。

消息传到温州，籀园读书馆馆长梅冷生先生却不以为然。他认为玉海楼藏书如捐赠归公，只有捐赠给籀园才是。理由有三：

一、1946 年已有移置玉海楼全藏至籀园，改籀园图书馆为省立的拟议。

二、籀园追本溯源，是为纪念籀公（孙诒让别号籀庼），由籀园接受玉海楼书是名正言顺。

三、孙衣言创玉海楼时，作《玉海楼藏书记》，曾言：乡里后生，有读书之才，读书之志，而能无谬我约，皆可以就我庐，读我书，天下之宝，我固不欲为一家之储也。

梅冷生馆长认为玉海楼捐书浙大，既无益乡里读书之人，又有违先贤嘉慧桑梓的心愿。因此，他写信责备孙延钊"好高骛远"，言辞激烈。孙延钊进退两难。最后，夏承焘从中调解："顷与校方

商妥，将来运书时，可将关系温州文献及与浙大书馆重复之书籍，概遗赠籀园。"

第三次，是 1951 年。捐赠给温州市图书馆。计丛书 137 部，5075 册；经部书 235 部，3562 册；史部书 439 部，7860 册；子部书 127 部，863 册；类书 10 部，603 册。共为书 948 部，17963 册。

1974 年秋，孙延钊将其随身携带到杭州珍藏多年的先人遗泽及自著手稿赠予温州图书馆，其中有孙衣言手修恭写的《盘谷孙氏家谱》八卷,《逸老丛谈》手稿一卷，诗文手稿及日记（同治元年七月至二年十二月）各一卷，有孙诒让残存的《讽籀余录》手稿及《禅艺宧室检书小志》《论语正义补谊》稿本合一册，计孙延钊自己所编著的《经微室遗集》《瑞安五黄先生系年合谱》等手稿多种。

至此，玉海楼的藏书，全部捐献归公了。现存杭大的是楼藏的精华，多善本。特别是孙诒让的批校本较为集中。而捐给温州图书馆的，除通常本及部分善本外，多为地方文献。

当时，夏承焘曾在《日记》中评论此事：自来私家收藏慨捐公家，数量之大，在浙江当以此为创举。孟晋一生，即一事不做，有此一事，即可不朽。

张宪文先生则感慨：旧家藏书，其先辈虽备述艰辛，督嘱子孙世守，但历时未久，率多风流云散，其灰飞烟灭者亦往往有之。玉海楼和陆心源之皕宋楼、丁丙之嘉惠堂深有渊源，然此二家之书，身后未久，即全数售出，心源之书，且为日人所得，于今置之海外，举世同慨。而玉海楼之藏书，孙衣言既用以倡导永嘉经制之学于其前，孙诒让又扇扬新学，开一代风气于其后，及延钊先生之身，则穷年矻矻，惟整理先著并阐述地方文献是务，其书藏之润身泽世，可谓多矣！

四、玉海缥缃后续

孙衣言归乡时曾言"归装惟有缥缃甚富"。古时常用淡青、浅黄的丝帛作书囊书衣，即缥缃，借指书卷。

据新闻报道，2017 年，瑞安市投入 500 万元，建成"玉海缥缃"城市书房 10 家。在建成区实现全覆盖，既有扎根于社区的基层书房，也有让书香机关落地的办公区书房，还有国保地标书房、体验城市慢生活的公园书房。这些书房通过直接管理、托管、24 小时自助等方式向市民开放，成为"玉海缥缃"文化品牌的重要载体，也成为繁荣瑞安文化事业的动力源泉。

其中"玉海楼城市书房"，坐落于玉海楼的后花园，在不破坏历史韵味的前提下，辟出 50 平方米的阅读空间，既可以感受到玉海楼深厚的文化底蕴，也可以在这座文化名楼里慢下脚步，用一本书来消磨时光。站在书房屋檐下，眼前就有曲水流觞，石桥宛转，绿树缀绿，满目生机。花窗漏影，轻纱飘逸，于百年藏书楼里开辟一个新书房，这种新旧的交融，使文化遗产旧貌换新颜，不亦美事乎。

参考书目：《仰云楼文录》，张宪文著，天马图书有限公司 2000 年 6 月第一版。

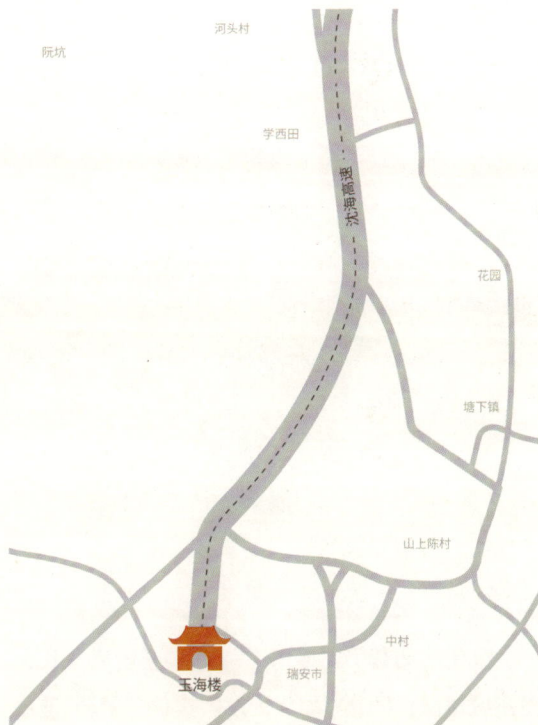

线路：温州南——沈海高速——虹桥北路——道院前街——玉海楼

玉海楼：颐园松菊，玉海图书

徐定超：
家住枫林罕见枫

温州坊间有一则谜语："生在楠溪山底，长在温州城里，官做北京城里，坟做鲨鱼肚里。"谜底便是徐定超。造化难测，令人唏嘘！

→
大门台村御史祠

一、中国近代航海史巨劫：普济轮沉船事件

1918年1月4日，即夏历丁巳十一月二十二日晚，原安徽巡抚、著名书法家沈增植在上海新闸路33号的寓所设宴，为时任浙江省通志局提调的好友徐定超饯行。永嘉枫林徐定超，在"浙督杨善德将用师于温"的危急时刻，为避免家乡发生战事，同时也因修志需要返乡调征书籍，"遂乞假归"，由杭州绕道上海，要在子夜乘普济轮回温州。

主客把盏。在灯下，沈增植见年逾七旬的徐定超精神焕发，面色红润，不禁羡称徐公祥光吉兆，颇有神仙福分。沈增植还口占一首律诗赠之。首联为："云端黄气发虬髯，不酒朱颜亦焕然。"

竟不知无常紧紧跟随。

几小时后，徐定超偕夫人及孙媳妇、玄孙等五人登普济轮。普济轮深夜离港，开出吴淞江口，到达铜沙洋三夹水海面，已是二十三日凌晨三时半。在深渊般黑茫茫的海上，一艘轮船劈面开来。船长定睛一看，是同公司的新丰轮。两船顷刻之间有互撞危险。普济轮立即开汽笛警告，望对方避开。但新丰轮已逼近，横冲直撞过来，轰然撞断普济轮左舷（二舱头和引擎间），因受创面严重致命，救生圈救生筏匮乏，普济轮全船三百乘客，有两百人遇难。徐定超夫妇等五人，便在罹难者之列。同船遭溺还有陈祖绶、洪叔琳等东瓯名流。

徐定超：家住枫林罕见枫

↑
念祖桥

徐定超故居

→
原枫林高等小学的忠孝门

徐定超：家住枫林罕见枫

普济轮沉船事件，成为国内近代航海史上最严重最惨痛的一大巨劫。

据多名海难幸免者回忆，普济轮下沉时，船上数百名乘客惊恐万状，哀嚎恸天。徐定超站立在船头甲板上，淡定自若。船长要徐公夫妇先上救生艇，徐公毅然请救其他乘客要紧。徐定超与夫人昂立船头，极力疏散乘客，让众人攀援桅杆，拉紧缆绳，以待救援；同时还耐心规劝那些抢登救生艇的男人："让妇女儿童先走！"1918年1月14日《瓯海公报》一篇报道，记述了瑞安人士林文达目击普济轮遇险获救的始末："酣睡中，突闻船沉喊声，急起取床头小钱包奔上船面。满耳唯喊天之声。见徐班老已立船头，状特镇定，力劝众人勿慌乱待救。时船正下沉，（林文达）急攀登桅杆，久之始经舢板救赎。"

徐定超海上罹难，温州人士纷纷痛悼，刊登于《瓯海公报》的多篇悼文中，胡调元的《祭徐公班侯夫妇文》，最为引人垂泪："呜呼吾公，昔曾拯瓯江水灾数十万性命，何为济人而不能自济，至斯而莫保其身？岂修德竟无获报？造物故为不仁！……"

1911年，辛亥革命后，温州时局纷乱。徐定超主持温州军分府，任温州都督，短短一年，政绩斐然。1912年8月，徐定超卸去永嘉县知事任。是夜，温处两地遭特大台风，暴雨骤至，山洪暴发，温处13县，泛滥成灾，人畜被瓯江潮流卷走，死伤无数。刚卸任的徐定超，心系民忧，急命儿子徐象先、从侄徐象严在温州郡东门，设救生局。半日间，解救江心被困难民1200余人。他还多方赈济，为灾民发放食物、衣物，为无家可归者提供住宿，并为疾病者施医药。

此即谓"吾公昔曾拯瓯江水灾数十万性命""济人而不能自济"。

↑
御史祠内徐定超纪念馆

于右任题：大义凛然

温州坊间则有一则谜语:"生在楠溪山底,长在温州城里,官做北京城里,坟做鲨鱼肚里。"谜底便是徐定超。造化难测,令人唏嘘!

二、监察御史

徐定超,字班侯。枫林人,人称永嘉先生。清光绪癸谓进士。"班侯",是因敬慕东汉班超投笔从戎的报国之志。

枫林,素有楠溪第一村之称,群山环抱,一面临流,是永嘉楠溪江中游的一个古镇,始建于北宋徽宗崇宁五年,距今已有八九百年的历史。枫林镇历史悠久,人文荟萃,人谓"一部枫林志,半部永嘉史"。

1845年9月3日,即鸦片战争爆发后第五年,徐定超出生于枫林的一户农家。祖辈勤俭致殷富。祖姚为蓬溪谢氏。

据说,徐定超生来奇人异相,口能容拳,颖慧异常。徐父每日抄五经章句授读,徐定超能日诵数百言。10岁,能作文。13岁,应童子试,摭取第二。14岁时,县令陈宝善邀徐定超偕同儿子陈采亮到上虞拜吴谦为师。其时,太平军从松阳抵处州,为避兵乱,吴谦与江弢叔携陈采亮避难于枫林徐家。21岁,即同治四年(1865),时瑞安孙衣言因父丧守制,在杭州紫阳书院讲学,徐定超奉父命赴杭,师从孙衣言,并与孙诒让同窗,学识更进。

同治七年(1868),徐父病笃,弥留之际,嘱定超"勤读书,多吃亏",徐定超铭记父嘱,闭门习经。守制期间,徐定超在温州府郡的东山书院讲学,门下弟子数百人。

据《徐定超硃卷》载,受业师不仅有孙衣言,先后还有孙锵鸣、王仲兰、戴咸弼、黄体芳等。

可见徐定超的学问渊源有自。

光绪丙子(1876),徐定超参加秋闱,中举人。庚辰(1880)秋,黄体芳奉命视学江苏,得两江总督左宗棠大力支持,在江阴创办南菁书院。黄体芳聘徐定超为幕宾。黄体芳赞赏徐定超"性慷爽,意所可否,质言无回"。两人时常切磋诗文,徐定超得黄体芳点拨,学业更为精进。光绪九年(1883),殿试取中甲第七十四名进士,签分户部广东司主事,不久,任户部则例馆纂修。

1884年暮春,徐定超携眷属入京供职。任监察御史期间,勤忠耿介,向清廷疏陈时政得失利弊数十条,多次弹劾清廷亲贵权奸和贪官污吏,致使十来顶花翎落地。

其中有一则"杨翠喜案",可见徐公在政治上的刚直善斗。杨翠喜是天津名坤伶,丰姿盛鬃,天生一副好嗓子,擅唱冶曲艳歌。在杨翠喜的众多追求者中,便有旷世才子李叔同。李叔同每晚都到"天仙园"听杨翠喜唱戏,为她解说戏曲历史背景,指导唱戏的身段和唱腔。散戏后,为杨翠喜提灯笼陪其回家。

1907年,徐定超与御史赵启霖、赵炳麟等人先后各有奏疏《劾段芝贵及奕劻、载振疏》,揭发段芝贵以10万金向奕劻祝寿、为载振纳杨翠喜为妾,用以贿买黑龙江巡抚事。先,赵启霖因弹劾此事,遭革职。徐定超便等待时机,一劾再劾,几经周折,最终致段芝贵革职,载振被迫辞职,赵启霖复职。

徐定超身为清廷官员,而有维新思想和改革要求。1898年,戊戌康梁变法,时人多非议,一些顽固派指责康梁"狂妄";徐定超则认为:"国家改革,殷周尚矣。"认为维新改革势所必然,可比之为"以周代殷"。戊戌变法前,他已认识到"社会积弊太深",主张开办学堂,造就人才。

徐定超积极从事"教育救国"活动，告诫诸子多读历史、算学等经世有用之书，"毋事章句，专为弋取功名之计"。1909 年，他倡议并督促从侄徐象严在枫林创办初、高等小学校各一所，并亲自解囊资助。楠溪高等小学，前身为创办于同治初年的志仁书院，因教育经费不足，一直处于办办停停状态。在徐定超的倡导下，乡里众士相继乐助出资，多至数百家，集资三千余元，使书院彻底改造成一所新式高等小学。

另外，值得一提的是，温州名校之一的瓦市小学，其前身为女子学馆，1912 年 5 月由徐定超夫人胡德淑邀集温州女界同仁在瓦市殿创办。1915 年，女子学馆更名为永嘉县立第一高等女子学校，胡德淑在 1913 年至 1917 年期间，任馆长、校长，兼任教授，不受薪水。

光绪三十二年（1906），清廷废除科举，改办学堂。1909 年，徐定超受聘担任两浙师范学堂监督，起用经亨颐为教务长，聘用一批思想进步的学者为教员，其中有鲁迅、马叙伦、夏丏尊、沈尹默、胡公冕等。两浙师范学堂当时是浙江省规模最大的一所新型学校，成为传播进步思想，培养人才的重要阵地。徐定超在这里担任了 3 年监督，为"五四"时期的浙江第一师范学校成为新文化运动基地打下了坚实的基础。从这所学校中培养的学生，多人后来成了国内外的著名学者及文艺家，如陈建功、曹聚仁、冯雪峰、潘天寿、谢文锦、宣中华、丰子恺、徐麟书等。

徐定超认为兴邦必先兴"教育"与"医学"。壬辰年（1892）春，徐定超曾得痢病，自阅医书，一药自愈。后来，痢病屡发，服药却不见效，"乃知此事之无穷，遂发愤求之于古"。从此，发愤习医，自学成才。后，受管学大臣孙家鼐之聘，担任京师大学堂下附设医学堂总教习，传授医学。又被

管理医局大臣陆润庠聘为施医局医员，日诊数百人，医治者无数。为传授医道，他编著《灵枢》《素问》《伤寒论讲义》等各种素材，行之于世。不久，又被推为神州医药学会会长，誉驰京城。

为发展医学事业，徐定超特向清廷呈奏《中西医不同宜分办学堂折》："中医多理想，西医凭实验；中医重述古，西医贵求新。各有独到之处，各有思议之精微。"学派不同，"宜分办学堂"，"务士习者专而深得其要"。并提出："西医于中医外别开蹊径"，"宜延聘各国良医，广购历年经验医方图说"。在当时，这种主张是很先进的。

戊戌变法失败后，1905—1906 年，袁世凯不顾江浙两省自办苏杭甬铁路的要求，屈服于英国公使馆的压力，向英国高利贷款，起用英国工程师来建造铁路，实则是把这条铁路的使用权拱手送给英国人。徐定超立即发动 24 人联名上书清廷，痛陈利弊，揭发袁世凯的卖国行径。同时，江浙各界通电各省，请求声援。结果得到全国各地的响应，酿成震撼全国的浙江拒款保路运动，迫使清廷中止这桩卖国行为。

三、温州都督

1911 年，辛亥革命爆发，浙江宣告独立。温州的清朝官吏逃之夭夭，社会秩序一片混乱。徐定超以 67 高龄出任温州军政分府首任都督。到任后，在政治上、经济上、组织上采取了一系列果断措施。如：平定米价，以裕民食；委派各部办事人员，稳定社会秩序；打击不法商人，禁止米粮出运。为制止紊乱局面，抚平民生，稳定革命成果，起了重要作用。

从监察御史到温州都督，徐定超素来接受民主主义思想，参加同盟会，跟着历史车轮前进，

这是难能可贵的。他渴望辛亥革命后中国能出现一个新局面。不久，袁世凯复辟，派其亲信朱瑞任浙江省督军。徐定超不愿与之同流，1912年秋，毅然辞去温州军政分府的都督职务。

民国四年（1915），徐定超任旧温属护商警察局长。温州海域辽阔，海盗出没活动频繁，商船时常遭劫。徐定超改海防局为护商警察局，添置巡舰，勤加训练。其时，徐定超已七十高龄，不顾风涛凶险，专以护送商船为务。海上群枭，闻风丧胆。

民国五年（1916），徐定超赴杭州从事《浙江通志》的编纂工作。曾赋诗感慨一生奔波：

江上波涛海上风，问君何事去匆匆？
旁人不识饥驱苦，矍铄仍然说老翁。

徐定超在古稀之年，除修通志外，以吟咏遣怀。常与冒广生、杨逢春、吕文起相唱和。有《和冒广生江心寺诗》一诗，描绘江心寺的风物古迹："中川浮古刹，孤屿隔江湄。""境与金焦并，名因谢孟驰。""借龙原谬幻，跨虎亦离奇。消长潮流语，清晖御笔遗。"

丙辰年（1916）底，徐定超偕夫人从上海乘广济轮返温，船出吴淞江口，曾遇暴风巨浪，所幸不久风浪平息。事后，他曾赋诗《在广济轮船遇风》，诗中有"祸福不可测，安危难预猜""浮生如寄耳，于我何有哉"之句。不想，事隔一年，在吴淞江口再遇巨劫，普济轮沉船事件发生，死亡之神，怆然降临。徐公一年前的诗终成谶语！

四、枫林古镇怀徐公

正当庚子年中秋佳节，我前往枫林古镇拜访徐公旧迹。

大门台村，念祖桥畔，桂花闲落，满溪飘香。念祖桥为三孔石板桥，当年为徐定超所建，东侧桥板边沿刻着"念祖桥清京畿道监察御史里人徐定超建"。一棵老榕树汲水而盛，亭亭如盖，为念祖桥投下霞光般的绿荫。过念祖桥，向右行50米，便是"御史祠"。

御史祠原为"追远祠"，徐定超在监察御史任上，为纪念祖父徐思宫以及"先世丹荽一枝，发祥北宋，青枫千叶，庇本南州之咏，所以承先志"而筹建。1935年重修，改称"御史祠"，整体建筑承袭了明、清地域祠堂传统做法，同时兼具"巴洛克"风格，呈民初建筑的中西合璧风。门联一副，蔡元培所撰："念祖楼台高百尺；监官祠宇壮千秋。"

推门见屋，主体建筑五间两层，形如清朝官帽，平面成横长方形，立面成"纱帽冠"形。正厅主柱上为左宗棠题联："大隐本来无境界，胜游长得共跻攀。"厅内供奉徐定超及夫人像，堂上为于右任题匾："大义凛然。"

御史祠计有左宗棠、于右任、蔡元培、蒋中正、马叙伦、鲁迅、周作人、沈增植等近代名人题写的多幅匾额与对联，可谓屋宇生辉，大饱眼福。院中多株桂树花枝怒放，满庭芬芳，使人陶冶于花香，也陶冶于徐公德馨之中。

"壮敬日以强，服劳本天职。""劳者善心生，逸者独饱食。"

"懿行必躬行，嘉言勤抄摘。""取友必以端，崇德必努力。"

徐定超的《戒训子孙歌》，刻在纪念馆的正厅内，历历在目。严正的戒训传家，徐氏后裔子孙，人才辈出，一门出二院士八博士，如徐定超的孙子徐贤修，为"台湾中央研究院"院士、著名数学家，其儿子徐遐生为美国国家科学院院士、著名天文学家。

出御史祠，沿河向西，步入枫林镇著名的"圣旨门街"。圣旨门街初名中央街，东西走向，如一根鱼刺的主骨，是古镇的中轴线。明成化二十年（1484），宪宗为表彰徐尹沛"孝、悌、义"的尚义精神，建成圣旨门牌楼而改名圣旨门街。明清和民国时期，圣旨门街是楠溪江中游最繁华的商业街。古建筑学家罗哲文漫步在圣旨门街时，称此街为"明代古街的标本"。

圣旨门街100号，是徐定超故居的所在地。踏着条石铺成的悠长古街，一路寻访过去，每向路上妇孺老幼打听，人人一提起徐定超，都是用了地方话亲切地唤其"定超""定超"。——"不要叫我'定超相'，叫我'定超'好啦！"徐公当年在家乡正如是说，言犹在耳。

徐定超故居是七间两层合院式民居。沿街朝南砖门台，单间仿木构双落翼式悬山顶。门口立一对青石雕花旗杆石。进门后，庭院东西各为三间厢房，正厅面阔七间。前廊为船篷轩，屋面悬山顶，正脊为砖雕凤鸟脊。朝北的小书轩，斗室仅能容身，临窗设一清代刻花条案，案上摆一方青石双槽砚台，案边两张太师椅。简朴至极。

从故居西厢边门出，可直奔枫二村学前巷10号，当年徐象严所办的枫林高等小学所在地。百年老校，现为枫林中心幼儿园。校门一侧墙上，仍保存着一面1909年建的中西合璧青砖门台，内额由首任校长徐象严题"忠孝之门"。从"忠孝之门"走出的著名校友有辛亥革命时期在枫林高小任体育教师的胡公冕等。

校园内，原枫林高等小学的百年建筑仍在，

←
徐定超像

历经风雨剥蚀，两层楼房的青砖墙木雕栏，犹存一份沧桑庄严之美。这是永嘉县最古老的校园建筑，也是爱国主义教育基地。

枫林镇还有一个"谦益堂"，是徐定超少年读书处。谦益堂与朱自清亦有一笔情缘。1924年9月，朱自清离开省立第十中学，前往上虞任教，尚留妻儿在温。为避军阀混战，马公愚兄弟携朱氏妻儿逃难到枫林谦益堂，由马志莲（徐定超孙媳，马骅胞姐）安排，马氏兄弟住谦益堂上院，朱氏妻儿住谦益堂下院。避过最乱之时，才得以和朱自清团聚。枫林珍存着乱世中的一段患难真情。

据说，每当深秋枫叶染红之季，徐定超便会吟诵一首诗："家住枫林罕见枫，晚秋闲步夕阳中。此间好景无人识，乌桕经霜满树红。"枫林为何罕见枫？据说，古时枫林镇南面的山坡上，遍植丹枫，当秋风渐寒，层林尽染，枫林镇因此而得名。据推测，漫山遍野的枫林，后来是被战火烧毁。南宋末年，陈虞之为保护文天祥南逃，毅然引诱元军深入楠溪腹地，相持了三年之久。最后，陈虞之兵败，元兵火烧芙蓉村。枫林作为军事要冲，那场战火也殃及了枫林。

战火过后，重建家园，枫林人便只种乌桕不种枫了。

如今，枫林虽已不见枫叶，但在家乡枫林乃至温州，仍传颂着徐定超公"摆酒请乞丐""礼贤下士，奖掖后辈"的种种美谈。

参考书目：《监察御史徐定超》，陈继达主编，学林出版社1997年5月第一版。

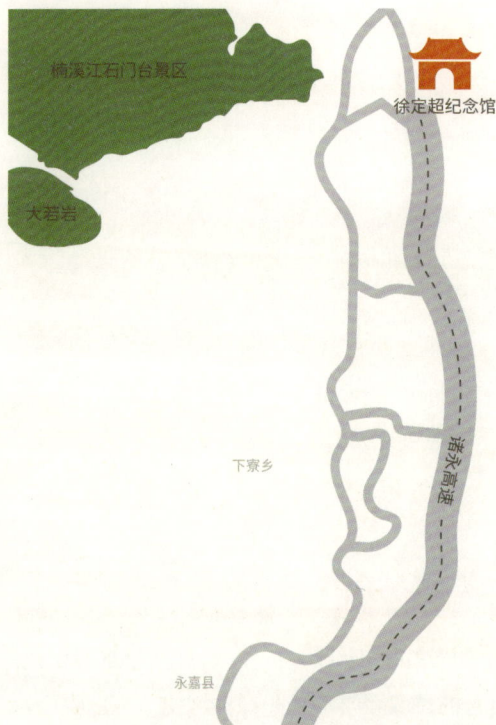

线路：温州北——诸永高速——枫林互通——光耀路——徐定超纪念馆——圣旨门街——徐定超故居

琦君故里：
一草一木耐温存

> "面对姹紫嫣红的春日，或月凉似水的秋夜，我想念的是故乡矮墙外碧绿的稻田，与庭院中淡雅的木樨花香。"

→
泽雅纸山（郑高华摄）

一、溪山水化作了乡愁

一夜梅雨滂沱，惦记着可去一趟泽雅山中。翌日清晨，雨过天霁，车过泽雅山间绿道，满目青山飞瀑，漫山翠竹迤逦，果然是王维诗"山中一夜雨，树杪百重泉"的妙境。人行于"空翠湿人衣"的润朗中，似诗境，也似画境。

泽雅又名纸山，这满山的翠竹是造纸的好素材。元末明初，福建南屏人为避战乱迁居泽雅。因泽雅水多竹茂，遂重操旧业造"南屏纸"。人们用水碓将水竹捣成纸绒、纸浆，制成屏纸。泽雅一带数千人从事造纸，因此到处是水碓、纸坊。

途经四连碓，曾经辉煌的造纸遗迹，掩藏在翠竹深处，也遗落在了时间深处。

我们要去的是泽雅庙后村。庙后村是女作家琦君的出生地。1917年夏，琦君出生于此，小名春英，学名潘希真（希珍）。庙后村藏在深山之巅，抵达之时，人已置身于群山盘旋的高处。碧山、竹林、溪流，构筑了一个静谧而活泼的山村桃源。琦君生命的根，植于这泥土的芬芳。她在《纸的怀念》里写道："在山里……最快乐与兴奋的事，就是跟着大人们去看做纸。"

故乡的溪山水竹化作乡愁，流淌在她一生的血液之中：

"没有等得及竹子成林，我匆匆告别了故土。而至今，那一片遥远的竹林，是否无恙？是否茁壮？问竹声中，我心澎湃。"

庙后村口写着四个大字：琦君故里。在山岭拾级而上，竹林环绕中，便是琦君纪念馆。

琦君纪念馆由庙后小学改建而成。庙后小学当年是琦君父亲潘鉴宗为山村孩子接受免费教育而创办。入门，四四方方的庭院里，两株枝繁叶茂的老桂树垂垂如云，映绿人面。

桂花树在琦君的散文里，占了馥郁浓重的一笔。

"家乡老屋的前后大院里，最多的是桂花树。一到八九月，桂花开得最茂盛时，不说香闻十里，至少前后左右十几家邻居，没有不浸在桂花香里的。"

风雅的父亲喜欢闻桂花香：

"老屋正厅庭院中与书房窗外各有一株。父亲于诵经吟诗之后，总喜欢命我端把藤椅坐在走廊上，闻闻木樨的清香，说是有清心醒脾之功。"

劳碌的母亲却忙不迭赶在秋霖之前摇桂花，保其馥郁芳香，做了桂花卤、桂花糕，分予左邻右舍。一篇妇孺皆知的《桂花雨》，写得满纸芬芳：

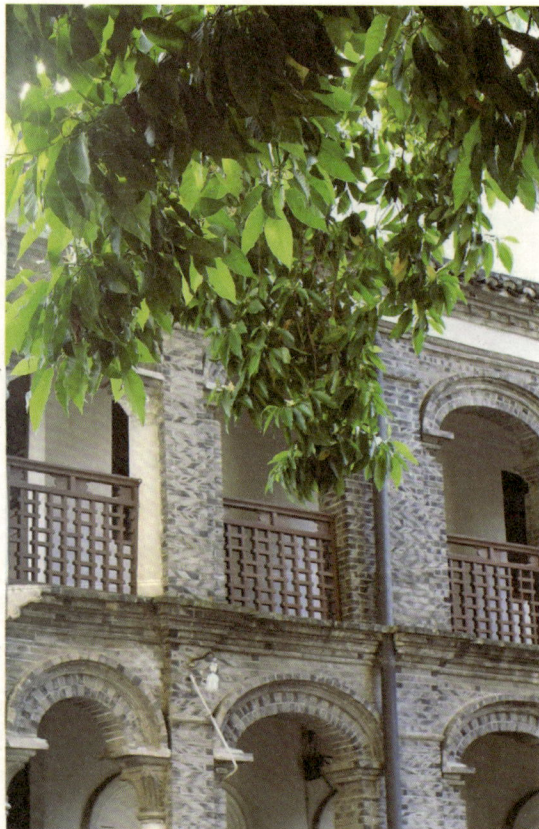

←
白兰花树掩映下的琦君故居

→
琦君故里：中式"回"字形走廊

"桂花成熟时，就应当'摇'，摇下来的桂花，朵朵完整、新鲜。我帮着在桂花树下铺篾簟，帮着抱住桂花树使劲地摇，桂花纷纷落下来，落得我们满头满身，我就喊：啊！真像下雨，好香的雨啊。父亲诗兴发了，即时口占一绝：细细香风淡淡烟，竞收桂子庆丰年。儿童解得摇花乐，花雨缤纷入梦甜。"

琦君两岁时，生父潘国康病故。五岁时，生母卓氏也病故。琦君由伯父潘国纲（潘鉴宗）和伯母叶梦兰收养（即琦君文学作品中的"父亲""母亲"）。琦君随伯父回瞿溪潘宅居住。琦君散文里的"家乡老屋"及那"橘子红了"的庄园原型，便是著名的瞿溪潘宅庄园。

琦君开智较晚。3岁时才会发单音，逢人喜喊"哞"。因常与瞿溪田间黄牛相伴，小儿天真学牛哞哞叫唤。此间，年轻时代的夏承焘因家境困难，无钱上大学，曾在瞿溪执教小学，在幽静的乡村，夏承焘写下不少诗句，有少年得意之句："昨夜东风今夜雨，催人愁思到花残。"夏承焘与潘鉴宗情谊深厚，常来潘宅做客。夏承焘教琦君念"月光"两字，以明月之美，启蒙牙牙学语的琦君，把审美的种子播种于幼童的心灵。

1929 年，琦君随父母迁居杭州，1937 年，琦君就读于杭州之江大学中文系，师承仰慕已久的词学宗师夏承焘。夏承焘非常喜欢这个充满灵气的学生。在琦君卒业大学时赠《希真生日嘱为诗》："我年十九客瞿溪，正是希真学语时。浮世几回华屋感，好山满眼谢家诗。"

夏承焘取"稀世之珍琦"的"琦"字来称呼她，再加上"君"字敬语，就是"琦君"笔名的由来。夏承焘对琦君的文学影响极深。琦君从夏承焘那里继承了古典诗词的修养，把它嫁接到现代文学的创作中去，其深婉文风，便是夏志清所评论的"琦君的散文和李后主、李清照的词属于同一传统"。

1949 年后，身居台湾的琦君"万水千山念师恩"，将对恩师的怀念诉诸笔端，先后写下了《春风化雨——怀恩师夏承焘先生》《卅年点滴念师恩》等回忆文章。

二、一笔笔雕刻着细腻的乡愁

下得山去，翠竹碧水一路相送，来到了瞿溪三溪中学内的琦君故居。民国时赫赫大名的潘鉴宗的潘宅庄园，如今只留下一座民国风格的主屋建筑，位于三溪中学的中南轴线上。

潘鉴宗是北洋时期保定军官学校毕业的浙一师师长。这个腰杆子上插枪杆的男人，尚武也崇文。他懂经书，会吟诗。曾向籀园捐书五千册。

潘宅建于民国十一年（1922）。正宅的风格，为中西合璧，东、西、北首是欧式的窗台拱廊；南面起居室、厅堂、庭院，则是"回"字形走廊的中式建筑。潘鉴宗如一位士大夫那样喜欢深杯酒满、小圃花开，在花厅庭院里遍植花木，怡情玩赏。

许多次来瞿溪看琦君故居，皆是怀着一颗与琦君相似的草木之心。琦君用一支真挚婉约的笔，一笔笔地雕刻着细腻的乡愁。拨开烟似的浓浓乡愁，一座四时花木葳蕤的潘宅花园，在她的笔下永不凋零。

我可以帮她一起如数家珍，花匠阿荣伯栽种有时，修剪有时，春天开的白玉兰花大朵大朵的，"花总是藏在大片浓密的叶丛间，把清香慢慢儿散布开来"，阿荣伯把淡香的白玉兰摘下来，给琦君母亲做玉兰卤。菩萨心肠的母亲把玉兰卤做的馅饼送给邻里品尝，邻里啧啧称赞，香得舌头都掉了。

←
琦君：将明净笑容一生携带

初夏，在淫雨霏霏的梅雨季，白兰花蘸满了雨珠，连雨珠都是香的。"我家花厅院墙边，有一株几丈高的白兰花。每天有冒不完的花苞，摘不尽的花。阿标叔都要架梯子爬上去摘，我在树下捧篮子接，浓烈的花香，熏得人头都昏昏然了。"

秋天，便是香传十里的桂花雨。庄园里外的几十亩橘子也红了。可父亲还在外面的世界，久不思归。母亲一边忙着家事，一边有意无意地问："有没有给你阿爸写信呀？"其实，母亲心里苦。无望而深深地思念着父亲。在琦君代笔的家书上，母亲絮絮叨叨的千言万语，无非是一句殷切的话：望你早归。于是，便有小说《橘子红了》，在橘子红时，母亲安排了桃花嫩叶般美的小妾秀芬，等着父亲归来。

寒冬渐远，春又归来。元宵节过后，春酒上桌了。所谓春酒，是母亲泡制的瞿溪风味的一种八宝酒。用酒泡了八种补品：黑枣、荔枝、桂圆、杏仁、陈皮、薏仁、枸杞、橄榄。"补气，健脾，明目的呦！"母亲总是得意地说。

此时，父亲书房外的梅花开了。阿荣伯会剪下几枝梅花，插于老爷书房的案上，作案头清供。

在春雪梅香中，父亲的好友刘景辰来了。刘景辰自号"梅隐"，"梅屋先生"，善诗文书画金石，绘画尤长梅花。

"他是个诗人，喜欢写字，画梅花，酒量又好。每回来我家，一住总是十天半月。一下雪，刘伯伯就用家乡调念起一首诗来：'有梅无雪不精神，有雪无诗俗了人。日暮诗成天又雪，与梅添作十分春。'"

诗也作了，酒也喝了，琦君给刘伯伯磨墨画梅花。可梅屋先生先要讲一堆大道理：

"慢着慢着，画梅以前要先写字。梅花与书法最接近，要学画梅必须勤练书法。梅的枝干如隶篆，于顿挫中见笔力，梅梢与花朵似行草，于曲直中见韵致。中国画最能见真性情，心灵的境界高了，画的风格也会高……"

琦君散文，满纸乡情，读来亲切：

"正月初一，我的阿庵小叔，提了个大红纸包，来给我母亲拜年，高声喊道：'大嫂，哈背牛年。'"

"我家还有一项特别节目，就是喝会酒。凡是村子里有人需钱急用，要起个会，凑齐十二人，正月里，会首总要请那十一人喝春酒表示酬谢。"

↑
琦君纪念馆（郑高华摄）

↓
琦君纪念馆内桂树

"温州话常常倒着念：拖鞋，念鞋拖。咸菜，念菜咸。"

那时，基督教已在农村盛行。信佛的阿荣伯总和信耶和华的阿标叔斗嘴："我们老祖宗多少人都是念阿弥陀佛，谁听见过什么'野荷花'的？"

至于母亲的手艺，件件都是舌尖上的温州，舌尖上的乡愁。

"梅干菜配三层肉下饭，香得人直吞口水。""腌咸菜酸酸甜甜香香的，一到嘴里，我就喊：'钥匙来了！'胃口大开。"

八月刮台风，琦君最是兴奋——塾师叶巨雄老先生犯脚气病不会来了，琦君趴在楼台，望着屋檐卷起狂风骤雨，少年不识愁滋味，欢呼："下雨天真好！"

三、她知道这片土地上的愁苦与欢乐

夏志清曾说："琦君的散文和李后主、李清照的词属于同一传统，但她的成就、她的境界比二李高。"夏志清甚至认为："《一对金手镯》《髻》这些文章，早该取代朱自清的《匆匆》《背影》成为中学教材，甚至列入诺贝尔文学奖也毫不逊色。我想，琦君有好多篇散文，是应该传世的。"

夏志清一直以台湾文学的保护神自居，他评论琦君"列入诺贝尔文学奖也毫不逊色"未免过高，但琦君文字里的挚真与悲悯，却着实是好的。

琦君是瞿溪乡土里长出来的儿女，她知道这片土地上的愁苦与欢乐。一笔一笔写来风物芬芳，写人物运命则有真实的乐与痛。乡情缠绵，最动人心。而她最好的作品，是她写的故乡人物系列。从菩萨心肠而寂寞永生的母亲，到三叔公的巴西妻子那如同"碎了的水晶盘"的心碎，到父亲带回家的曾经妖冶终于老去的姨娘，直到一个长工

一个花匠，每个贴着土地的生命，无不有着一种低处的无常的叹息。

许多次，徘徊在潘宅漂亮的拱廊，看几个暗红雕花栏杆，映着院墙外那棵绿云般蓊蓊郁郁的百年白兰树，庭院深深，故事深深。

就在这廊檐下，曾演绎着《髻》的悲情故事：母亲日夜盼望的父亲终于回来了，但带回来一个艳丽时髦的姨太太。姨娘梳各式各样的华丽发式，横爱司髻、凤凰髻、羽扇髻、同心髻、燕尾髻，常常换样子，衬托着姨娘细洁的肌肤、袅袅婷婷的水蛇腰，越发引得父亲笑眯了眼。母亲却是古董的乡下老太太，梳一个老实难看的螺丝髻，看得父亲直皱眉头。

母亲与姨娘坐在廊沿下，背对背彼此不交一语的梳头情景，深深地触动着琦君幼小的心。每每听到廊尽头传来父亲与姨娘的阵阵笑语声，更刺痛了母亲寂寞而柔弱的心。"母亲的脸容不如以前忙来忙去时那么丰润艳丽了"，母亲在郁郁寡欢的落寞中垂垂老去。

然而，《髻》最让人感慨的却是结尾：

"我长大后，离家在外求学，父母先后去世。定居台湾后，我惟一的亲人便是姨娘。多少年过去了，我望着衣着简朴、脸容哀戚、红颜已逝的姨娘：这就是使母亲悒郁一生的女人。然而母亲早已不恨她了，我的内心深处也产生了一种与她相依为命的情愫。又是多少年过去了，姨娘也已作古。我流眄照镜，早也不年轻了。人生啊，什么是可以留住的？什么又是永恒的？爱恨痴贪，一切都如烟云过眼，渺不可追。"

不由想起木心的话："岁月何曾饶过谁！"因此，"诚觉一切皆可原谅！"

白先勇说："论者往往称赞琦君的文章充满爱心，温馨动人，这些都没有错，但我认为远不止此。

往往在不自觉的一刻，琦君突然提出了人性善与恶、好与坏难辨难分复杂暧昧的难题来，这就使她的作品增加了深度，逼使人不得不细细思量了。"

琦君将明净的笑容一生携带，但她的心底埋着"苦的身世"。1938年，夏承焘在日记里写道："晴。闻希珍哭其伯父，晕厥数次。晚往视之，知其于鉴老逝时，曾饮洋墨水自杀，幸无恙。希珍父母兄弟皆早逝，孑然一身，依其伯父，鉴老以为己女，而临终无一遗嘱，后日不知如何处置。"

惦记着《橘子红了》里写到的那一片橘园。橘园原在潘宅庄园的西首。大妈与秀芬，这些老去或凋零的悲情女人，踮着片儿小脚，穿梭在金秋果实灿然的暖暖橘林间，却有着凉凉的人生。

往事如烟湮灭。如今，琦君故居的四周是空旷的操场和学生的宿舍。惟有"花厅院墙边的那一株几丈高的白兰花树"，一年比一年枝繁叶茂，亭亭如盖，树已高过五楼。

每次来琦君故居，我都会在这棵百年白兰树下驻足仰望许久。无数朵白兰花如白月光的手指，拂照在菁菁绿叶间，成群的暮鸟归巢，啾啾而鸣，搅动满树的幽香，好似浓郁的乡愁。这乡愁，以树的年轮计，以树的枝叶计。《古诗十九首》中"庭中有奇树，绿叶发华滋。芳香盈怀袖，路远莫致之"，写的便是一棵幽香的树寄托遥远的幽思。

白兰树下，有一块浑圆的石头。石头上刻着两字：琴心。《琴心》是琦君发表的第一篇小说，刻之以资留念。

黄昏时，雨忽然来，打落在百年故居青砖黛瓦上的潇潇雨声，一声声是烟愁。这漂亮的红漆雕栏的故居，总能引人把纸上文章与如烟往事勾

←
庙后桥（郑高华摄）

连在一起，思绪翩翩。

四、想念故乡矮高墙外碧绿的稻田

琦君一家1929年迁居杭州。1949年去了台湾。晚年，琦君又与先生李唐基移居美国。自去台湾后，琦君50年未曾回温州。"面对姹紫嫣红的春日，或月凉似水的秋夜，我想念的是故乡矮墙外碧绿的稻田，与庭院中淡雅的木樨花香。"

2001年10月，琦君终于回到魂牵梦萦的故乡瞿溪。故乡的一草一木依旧耐温存。"像树木花草一样，谁能没有一个根呢？我若能忘掉故乡，忘掉亲人师友，忘掉童年，我宁愿搁下笔，此生永不再写。"

2006年6月7日，琦君走完了幽兰芳香的一生，搁下了她那支深情的笔，留给世人40多本散文和小说。"三更有梦书当枕，梦痕犹存，橘红点点，桂花雨歇灯花落；千里怀人月在峰，七月哀伤，烟愁漫漫，母心天空琴心连。"这是灵堂两侧的挽联，巧妙嵌进了琦君最重要的多部作品名称。

据她先生李唐基回忆，琦君在临终的病榻上常常梦呓：我要回故乡温州……

线路：市区——瓯海大道——瞿溪——天长岭隧道——泽雅大道——通景路——瓯湖线——271县道——林五线——庙后村——琦君故里

梅雨潭:
让朱自清忘却了人间烦忧

山水在等一个人来。一个人踏山水而来。

你不能不说,这个瞬间,是人生里的偶然,也是人生里的必然。这个人的到来,霎时让山水与文章,光辉合一。谢灵运如此。朱自清亦然。

→
仙岩梅雨潭（王志文摄）

一、郡城背景上的一面苍翠画屏

温州边县的山，以南雁、北雁、中雁、西雁名，天下奇秀。惟大罗山戛戛独立于郡城东南，似城市背景上的一面苍翠画屏。大罗山是神话传说中的玄门圣山，相传是太上老君的道场。大罗山有仙岩，仙岩的名称已有上千年了。传说轩辕黄帝在梅雨瀑东侧一块巨岩上炼丹成仙，将乘龙飞升时，岩石得了灵气，欲与黄帝一道升天。但黄帝不愿带走人间的一木一石，留巨岩于山间，便为仙岩。

仙岩有圣寿禅寺，俗称仙岩寺。始建于唐贞观年间。北宋大中祥符二年（1009）敕赐"圣寿禅寺"。寺前原有朱熹书"溪山第一"坊表。仙岩寺旁，有陈文节公祠，旧称止斋祠，祀宋儒陈傅良及门人。陈傅良曾在仙岩止斋讲学，为学重经世致用，开永嘉学派先声。祠后有当代书法家邹梦禅墓，墓前立沙孟海书刻石碑。

仙岩多瀑布，飞瀑轰然下注为潭。自低处往高处，有三姑潭、梅雨潭、雷响潭、龙须潭。由三姑潭往前，见一处摩崖石刻，镌刻着唐德宗时温州郡丞姚揆的《仙岩铭》："维仙之居，既清且虚；

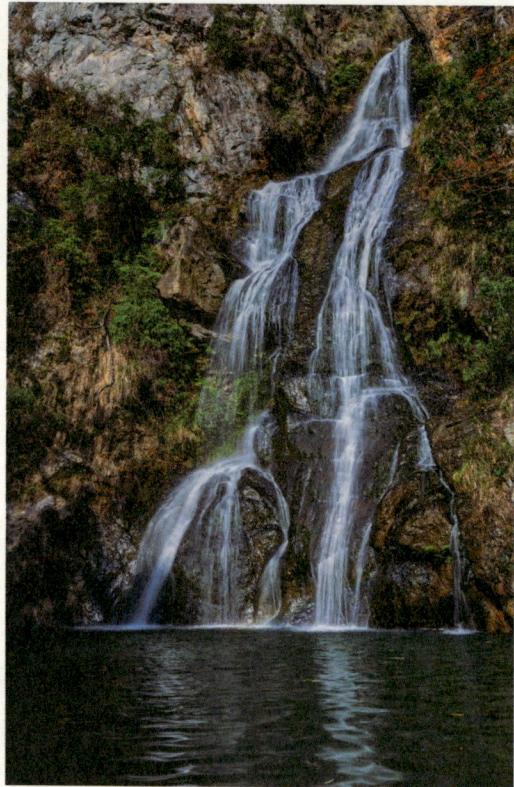

一泉一石，可诗可图。"在梅雨潭前观音洞口正前方的岩壁上，有南朝刘宋元嘉年间摩崖石刻"通源胜景"，为温州所有名胜风景区中最早的一处摩崖。一路的摩崖石刻，曰"飞泉""白龙飞上""梅玉""喷玉矶""四时梅雨""别有天""飞白""漱流忘味"……仙岩的每一块岩石，蕴藉风流。

南朝谢灵运曾"蹑履梅潭上，冰雪冷心悬"(《舟向仙岩寻三皇井仙迹》)。历代名人诸如唐代的路应、方干、李缜、司空图，宋代的林石、许景衡、朱熹、陈傅良，元代的高明，明代的卓敬、黄淮、张璁，清代的潘耒、孙衣言等都在仙岩留下了游记、诗篇。而仙岩梅雨潭，因朱自清的散文名篇《绿》，

愈加声名远播，少长咸知。

二、"女儿绿"

1923 年 10 月，一个薄阴的秋日。马公愚和另外两个友人陪朱自清到仙岩游玩。先访仙岩寺，再登梅雨亭。梅雨亭亭联为清黄体芳所撰："仰看九天落珠玉，坐闻万古酬笙钟。"

在梅雨亭一坐，梅雨瀑的飞花、梅雨潭的绿影，全幅山水悠然一现，映入眼来。朱自清从人间的烦忧里释放出一个自我，霎时诗情洋溢。他激动

←
黄帝池

梅雨潭（王志文摄）

↑
摩崖石刻：飞白（吴奕摄）

地对马公愚说："这几年看过不少好山水，哪儿也没有这潭水绿得那么静，这么有活力；平时见了深潭，总未免有点心悸，偏这个潭越看越爱，掉进去也是痛快的事；这潭水是雷响潭下来的，那样凶的雷公雷婆怎么会生出这样温柔文静的女儿？"又说："历来山水游记，写瀑布的多，写潭水的就少，像柳宗元《永州八记》中写几个小潭的，千百年来能见到几篇？……这次回去，是非写不可了。"于是，便有了后来妇孺传颂的《绿》：

梅雨潭闪闪的绿色招引着我们；我们开始追

捉她那离合的神光了。……那醉人的绿呀，仿佛一张极大极大的荷叶铺着，满是奇异的绿呀。……我送你一个名字，我从此叫你"女儿绿"，好么？

朱自清在温州仅短短一年。1923年春天来温，系经北大同学、历史学家周予同（瑞安人）介绍，在浙江省立第十中学当国文教员。1923年旧历年底离温，正值江浙两系军阀发动了"江浙战争"，战火波及温州，温州城中一片混乱，学校停课，朱自清失业，一家人衣食无着。正当此时，夏丐尊发出了邀请，朱自清前往白马湖春晖中学兼课。

当年寒假，朱自清就写了《温州的踪迹》，共4篇文章，包括《绿》《白水漈》《月朦胧、鸟朦胧、帘卷海棠红》《生命的价格》。在温州，朱自清寄情山水，结交马氏兄弟，暂且忘却了许多人间烦忧。

三、梅雨潭让朱自清忘却了人间烦忧

山水在等一个人来。一个人踏山水而来。

你不能不说，这个瞬间，是人生里的偶然，也是人生里的必然。这个人的到来，霎时让山水与文章，光辉合一。谢灵运如此。朱自清亦然。

把朱自清在梅雨潭忘情山水的那个瞬间，向前翻一页。时空的帙卷退后一页，朱自清确实正在烦忧的困境中。

朱自清另一个妇孺传颂的名篇是《背影》。

世人只道这是书写"伟大父爱"的篇章。却不知，《背影》是朱自清终于谅解父亲的一个笑忘书。在这之前，朱氏父子交恶颇久、颇深。

《背影》篇首写道："祖母死了，父亲的差事也交卸了。"说的是1915年朱父朱鸿钧在徐州任榷运局长时欲望膨胀，因续娶姨太太、挪用公款

而被革职查办，不仅名誉扫地、家道中落，还活活气死了朱自清祖母。

朱自清只得提前一年从北大哲学系结业，先后在杭州第一师范、扬州省立十中任教，按理说，月薪不薄。但家庭经济的重担都落在了朱自清身上。朱父带着一个失败官老爷破落乖戾的官脾气，屡屡索取，每月向朱自清索要一半的工资。众所周知，朱自清与第一任妻子就生了半打多的孩子，经济负担非常重。

一个自立门户的拥有新思想的儿子，与一个封建破落的旧家长，观念上、经济上，生出矛盾。

在朱氏父子的怨隙中，还夹着一个"妻"：武仲谦。武仲谦性格开朗，以"爱笑"出名，成为朱自清生活里的一抹阳光。

朱自清有自传体小说《笑的历史》，写武仲谦一笑，"前仰后翻，咯咯笑个不停，脸上开出一朵花"，颇似《聊斋》里爱笑的婴宁——这笑，被朱父视为辱没妇道。

朱父把失败人生里的戾气，迁怒到儿媳的"笑"上：生活已如此败落，还整天笑得前仰后翻！妇德尽失！朱父几乎有休媳之念。武仲谦在公公专制的淫威下，藏起笑容，不敢再笑，渐渐抑郁成疾。

朱氏父子的交恶因此升级。朱自清在惆怅幽悒中，带着妻儿，于1923年春，来到了温州。

"我这几年看过不少好山水，哪儿也没有这潭水绿得那么静，这么有活力。……这个潭越看越爱，掉进去也是痛快的事。"

回头品味朱自清跟马公愚所言，若有所悟。从人间的烦忧里逃避出来，掉进这山水之间寄情，堪可忘忧。于是所写山水文章，也是明媚喜悦。

四、邂逅"那离合的神光"

也是一个薄阴乍晴的秋日，我和友人同游梅雨潭。心里揣着这篇《绿》，来实地对照。

两人在梅雨亭一坐，正对着瀑布潭水，顿觉悠然。梅雨瀑飞花四溅，真似朵朵白梅落了下来。梅雨潭在绿树掩映下，绿意恰似一张荷叶。两人在山水间一坐，宁静得"烦忧"两字怎么写都忘了。

后来，两人登山溯源，去找雷响潭。山路宛转，山树披离，过伏虎岩，经当年弘一曾驻锡的伏虎寺，山路爬得气喘吁吁时，忽听得有雷鸣般的水声。正是雷响潭。驻足，友人说：我们屏住呼吸，听听水声。屏息间，万籁俱寂，那泻落并回响在空谷罅隙间的瀑流声，果然轰轰如雷鸣。我们会心一笑，觉得此刻真像苏轼纵舟夜访石钟山，有目见耳闻之乐。

雷响潭外围，是黄帝池。黄帝池相传便是黄帝在仙岩的沐浴之池。正是午后两点，秋日祥和的阳光洒在深潭幽水上，"那离合的神光"果真乍现了！斑驳的岩苔，摇曳的竹影，陆离的阳光，幽绿的潭水，光线明灭于万物的罅隙之间，光的路线即神迹，被神抚触过的，从巨大到微小，皆生命之美。时间漫溢于黄帝池，静水深流，我与友人临池而遇见侘寂之美，都惊艳得半晌无语。

待我们回过神来，彼此皆有心得，却只对话两句：水在山间流，幽也。人在山间游，仙也。

想那人间多少惆怅客，行到水穷处，坐看云起时！谢灵运，朱自清，或你，或我。

人们多诟病朱自清的《绿》骗人：一条小瀑流，一个破水坑，哪有那样美！我倒怀疑那些人并不是真爱山水了，也并不真会欣赏山水了！心造境，景照心。王阳明答友人：你明白了山中花树，山中花树也明白了起来。

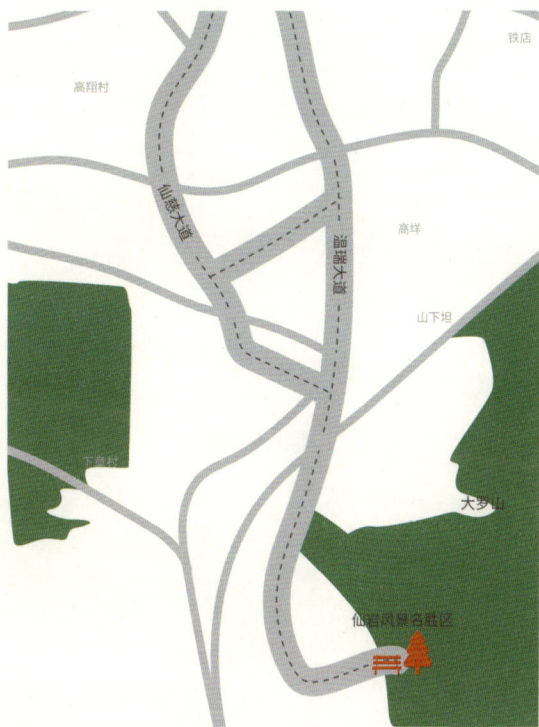

线路：市区——温瑞大道——仙竹路——仙岩风景名胜区

能使无情尽有情：
弘一法师的温州踪迹

弘一在温州 12 年，掩关四年常住庆福寺，著述《四分律比丘戒相表记》；出关后几年，如闲云野鹤，弘法四方。每至寒暑，大都回温结夏度岁。弘一的佛学体系和弘体书法皆在温州时期形成。

→
宝严寺弘一大师纪念馆（林锡麒摄）

一、"吾以永嘉为第二故乡，庆福寺为第二常住。"

世人长记李叔同的"以美淑世，以善育人"，常因一首深情惆怅的《送别》而心受感化，生出邈远的故人之思。《送别》的故事发生在一个大雪纷飞的冬夜。李叔同的金兰义友许幻园，由家境殷实突遭变故，一个雪夜，他站在李叔同家门外，隔篱喊道："叔同兄，我家破产了，咱们后会有期吧！"李叔同看着朋友在雪中远去的背影，写下了《送别》：

长亭外，古道边，芳草碧连天。
晚风拂柳笛声残，夕阳山外山。
天之涯，地之角，知交半零落。
一壶浊酒尽余欢，今宵别梦寒。

送别，转身，离去。一唱似成谶语。

1918 年 8 月 19 日，中国近代艺术文化的开创者，集诗词、书画、篆刻、音乐和戏剧天才于一身的奇人李叔同，送别了一切世俗功名，"舍筏登岸"，在杭州虎跑寺出家。9 月，在灵隐寺受具足戒。时年 39 岁。日籍夫人携子跪在寺门外三天

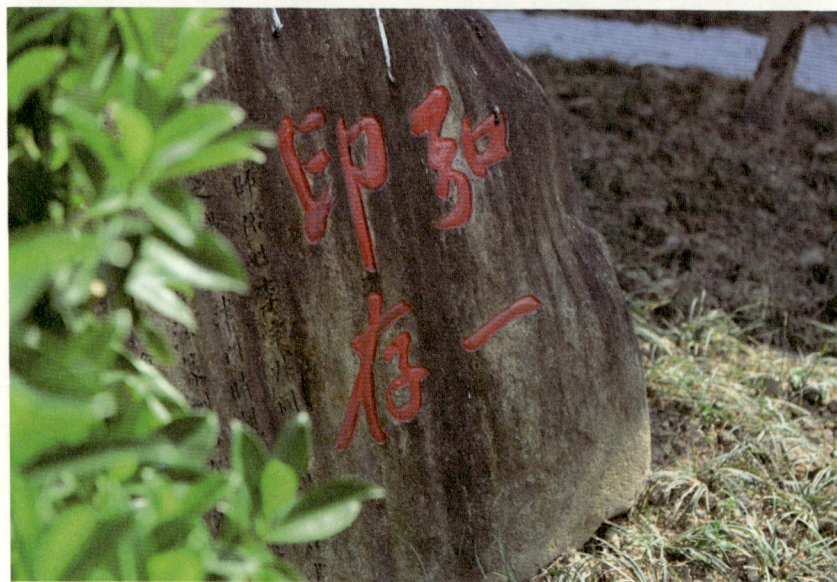

宝严寺（林锡麒摄）

弘一印存（林锡麒摄）

三夜苦苦哀求，他却示以决绝的背影："叔同已死。"从此，"二十文章惊海内"的"奇人李叔同"虽存犹殁，世上惟有律宗苦行僧"弘一法师"。

弘一法师出家后选择的是最难修炼的律宗戒律，自表"一生用功，仍在于律"。他深感"杭地多故旧酬酢"，又因体弱，冬夏难耐严寒酷暑，极想"觅清净兰若，息心办道"。1921 年，弘一闻旧友林同庄言，永嘉（温州）山水清华，气候温适，既安静又少干扰，可专心修治佛典。大师听后，欣然向往。后经吴璧华、周孟由二居士延请，于1921 年 3 月，携简行装，离杭经沪乘船前来永嘉，卓锡庆福寺，俗称城下寮。

庆福寺，坐落在温州市区大南门东城下（今中山公园南大门稍偏西，背依积谷山，面临护城河，环境清幽。1922 年，弘一作为云水僧，依律拜庆福寺主持寂山和尚为师，行拜师礼，并登报声明："吾以永嘉为第二故乡，庆福寺为第二常住。"弘一以重振南山律为己任，在晚晴院掩关治律，撰写《四分律比丘戒相表记》。因感戒相繁杂，记诵非易，撮其要点，列表志之。

弘一驻锡庆福寺的消息传出后，官绅求见者纷至沓来。弘一志在潜修苦行，在潜修处窗口贴"虽存犹殁"四字，以示来访者。特撰《谢客启》，与同寮僧众约法三章："一、凡有旧友新识来访者，暂缓接见。二、凡以写字作文等事相属者，暂缓动笔。三、凡以介绍请托诸事相属者，暂缓承应。"瓯海道尹林鹍翔数次造访，温州道尹张宗祥由寺主寂山代持名片求谒，弘一都称病谢绝，垂泪道："师父慈悲，弟子出家非谋衣食，纯为生死大事，甚至妻子亦均抛弃，况朋友乎！"又道："弟子在家时，实是一个书呆子，未曾用意于世故人情。故一言一行与常人大异。请格外体谅而曲为之原宥也。"

学者吴鹭山在周孟由的陪同下，得到弘一的破例接见。

时值早春二月，城下乍暖还寒，人皆穿着厚厚的棉袍，而弘一赤足芒鞋，仅穿一件单薄褴褛的蟹青色僧衣，神清骨秀。席间，庄严端坐，一问一答，了无多言。僧房简陋，仅一张破桌，一张旧床，一条草席，一领旧蚊帐，别无他物。过十天后，弘一把亲笔书写印刷的《华严集联三百首》，托周孟由赠给吴鹭山，以代回谒。

弘一的后半生是参禅的后半生，他弘法利生，学修并重，一直过着苦行僧的生活。在他看来，"苦行"，是劳其形体，苦其心志，于参悟见真知，抵达极乐。他在致学生刘质平的信中说："朽人居瓯时，饮食之资，悉承周群铮居士布施，其他杂用等，每月约一二元，多至三元，出家人费用无多。"同寮僧人欲弃一双破不能穿的旧芒鞋，弘一却乞施过来穿，珍之如新。

1922 年，弘一患痢疾，身体虚弱，一日差似一日，躺在草席上，对前来看望的寂山长老说："朽人大病从死，小病从医，今是大病，从他死好。惟求师尊俟吾临终时，将房门局锁，请数师助念佛号，气断逾六时后，即以所卧被褥缠裹，送投江心，结水族缘。"同寮僧人闻之皆恸哭。所幸弘一法师有超脱生死的境界，静心息养，恢复健康。

1931 年春，弘一再患重痢疾。此次比上一次更严重。病体连绵至九月仍未恢复。弘一静心诵《行愿品偈赞》，一心向西，自谓："境界廓然，正不知有山河大地有物我也。"

弘一在庆福寺掩关 4 年，辛勤笔耕，1924 年 8 月，现代佛学最有影响的律学巨著《四分律比丘戒相表记》在温定稿。全文楷体工写并自序："数年以来，困学忧悴，因是获一隙之明，窃自幸也。尔后时复检校，小有改定，惟条理错杂，如治棼绪，舛驳之失，所未能免，幸冀后贤，谅其不逮，刊之从正焉。"并预定遗嘱："本衲身殁，毋庸建塔或其他功德，只乞募资重印此书，以广流传，于愿已足。"弘一法师以其渊博的学识和高尚的德行，被世人尊为我国佛教律宗第11代祖师，与唐永嘉大师在温州有同样的尊严。

二、宝严寺：风景殊胜，山中兰若

张乘健先生有一次从市区南门至茶山，走的是水路。当船离开市尘越来越远，沿着温瑞塘河和三垟水网慢悠悠行进，两岸的青山绿野在碧浪中如画卷一般徐徐打开，清的水，清的风，清的云，清的天，那境界似梦似禅，有无上清凉的美感，犹如弘一的《清凉歌》："今唱清凉歌，心地光明一笑呵。今唱清凉歌，热恼消除万物和。今唱清凉歌，身心无垢乐如何。"

张乘健先生猛然领悟，他走的恰恰是弘一法师当年从城区积谷山麓的庆福寺到茶山宝严寺的路程，他所见的就是弘一法师当年寻梦所见的"江南好风景"，他无意中追寻的就是弘一的踪迹。

宝严寺始建于北宋真宗大中祥符元年（1008），坐落在温州市瓯海区徐岙村山中，背依翠色连绵的巍巍大罗山。1925年4月12日，弘一在《致孙选青》信中说："温州城垣拆毁，改建公园（即华盖山与积谷山之间的中山公园），是间将益喧扰。不久移居乡村，远避嚣尘。"

远避嚣尘的乡村兰若，便是宝严寺。宝严寺

←
弘一大师照

→
临终书法：悲欣交集

为庆福寺属寺，弘一法师曾先后于 1921 年旧历六月，1922 年旧历六月，1925 年旧历四月间在宝严寺静修，均居住过一个月左右。并为宝严寺化缘，为佛像装金，称赞"此处风景殊胜"，为"山中兰若"。

2010 年，宝严寺内重建的弘一法师纪念馆揭幕。宝严寺东首，按旧时庆福寺晚晴院原貌，重建了三间小楼，自成庭院。"晚晴院"匾额，署名莉娟。门上一联"入于真实境，照以智慧光"，是弘一法师即将离开温州时所书的华严集联。莉娟是弘一的孙女，是李家后代里唯一有缘皈依佛教的子孙，并静心研习弘一书法艺术。

进晚晴院，左壁上挂弘一抄写的《佛说阿弥陀经》，右壁上挂弘一 1929 年 10 月自撰的《晚晴院额跋》："唐人诗云'人间重晚晴'。髫之岁喜咏之。今垂老矣，犹复未忘，亦莫自知其由致也。因颜所居曰晚晴院，聊以纪念旧之怀耳。书者永宁陶长者文星，年九十三。陶长者既为余书晚晴院额，张居士蔚亭，并写此本。耄德书翰，集于一堂，弥足珍玩……"

书房内，惟旧书柜一件，旧书桌一张。墙上有弘一书法："心得解脱。"

寝室壁上，挂着一件旧褰衣，落满灰尘。在温州 12 年，弘一掩关四年常住城下寮，潜修著述；出关后几年，如闲云野鹤，时来时往，无一定行踪，弘法四方。但在冬夏，因寒暑不宜，大都回永嘉结夏度岁。在那些风雨兼程的弘法云游路上，这顶简陋的褰衣，为一个苦行者挡去了多少的苦雨寒风！

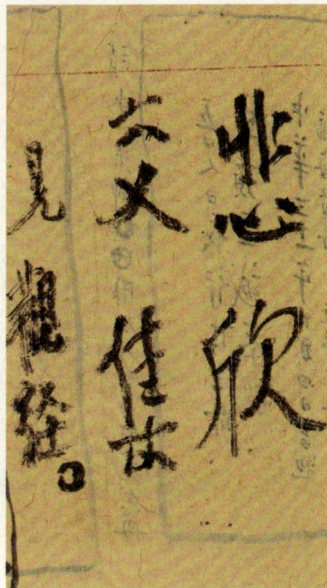

晚晴院的前院映着罗山的苍茫山色，有唐诗里"禅房花木深"的谧静。院子里设有"弘一印存"，为晚晴院一大景观。一块块沉默的石头卧在地上，因录弘一的篆印而有了灵魂，犹如石头语禅。弘一法师在温州诵念学律之余，自制刻刀，饶有兴致地玩起篆刻。1922 年 4 月，弘一刻印五方，钤为印稿寄赠夏丏尊，全是白文，线条均匀流畅，丝毫无刀痕凿迹，给人行云流水的美感。叶圣陶极赞这五枚印："好极！不可言说。"

在一块卧石上，刻着四个篆字："能婴儿乎。"1918 年冬，弘一开始在虎跑寺断食，历时三个星期。断食期间，他多以写书法打发时辰，魏碑、篆文、隶书样样都写，笔力丝毫不减，自觉心平气和，灵敏畅达，大有脱胎换骨的样貌，似回到天真本初。于是，他根据老子"专气致柔，能婴儿乎"之意改名"李婴"。其后便有"能婴儿乎"四字篆刻。

温州期间，是弘一后期书法风格形成的重要阶段。弘一出家后并无刻意"诸艺皆废"，而其中书法研习不辍。弘一过午不食，物质之求至简到无求之境。他的书法亦脱了烟火味，清癯似禅。此时书法，从早期的绚烂之极，转为平淡，多为抄写佛经之用。弘一自述："朽人字所示者，平淡，恬静，冲逸之致也。"

他的佛教经典书法，不激不厉，平静沉稳；他写给师友学生的信札则是潇洒超脱，轻松自如。弘一将艺术家的丰富情感与出家人的清心寡欲，在自己的笔下得到平衡和融合。出家后，弘一始终深藏文人情怀与艺术家气质。他是从艺术境界上升到宗教境界，并认为宗教亦可为艺术，这正是弘一有别于一般僧侣的人文魅力。丰子恺曾为弘一师写一副对联："须知诸相皆非相，能使无情尽有情。"

三、须知诸相皆非相，能使无情尽有情。

观弘一修行，赏弘一书法，听弘一音乐，皆在这"无情尽有情"的况味之中。

据传，弘一出家时，与日籍夫人雪子有对答：

雪子：叔同……

弘一：请叫弘一。

雪子：弘一法师，请问爱是什么？

弘一：爱是慈悲。

雪子：为何你不负天下人，惟独负我！

弘一：……

弘一在庆福寺掩关时，遇天津家信来，皆托

←

晚晴院三间两层小楼（林锡麒摄）

↓

晚晴院正厅（林锡麒摄）

人于信封后批注："该人业已他往。"均原封退还。人问为何不拆阅？答曰：既经出家，便应作已死想。倘若拆阅，见家有吉庆事，恐萌爱心；有不祥事，易引挂怀，不若退还为是。

在编纂《四分律比丘相表记》时，当时有一青年居士高文彬专门为弘一法师护关，并服侍其日常生活。他被大师守青灯展黄卷的苦行意志感动，要求出家。弘一见其虔诚，伏身跪请寂山长老许其出家，并请周孟由、吴璧华二居士负责担保。高文彬出家后，法名白伞，号因弘（因弘一而出家）。

城下寮有厨工名陈阿林，瑞安人，老实忠良，关照众人饮食，虔诚念佛。陈阿林31岁染病早逝，弘一作《庖人陈阿林往生传》，字里行间，一片慈悲心怀。

某日，有小贩婆婆积累储蓄来做功德，弘一闻之，参加道场，亲提钟鼓，为她祈福。

1929年8月，弘一法师在福庆寺继续撰写《清凉歌集》。计五首，分别为《清凉》《山色》《花香》《曲梦》《观心》，此歌集为弘一出家后歌曲创作的精华。另计弘一在俗时所作歌曲，有《忆儿时》《送别》《落花》《幽居》《春游》《悲秋》等。丰子恺曾评曰："……其旋律正大美丽；诗歌与音乐融合；李先生有深大的心灵，又兼备文才和乐才，据我们所知，中国作曲作歌的只有李先生一人。"

听弘一音乐，心灵每每受其美化，受其净化，受其感化，获得一种向美、向善的能量。并深感弘一歌、《红楼梦》、王维诗，在美学上是相通的。

弘一《忆儿时》歌里，有"回忆儿时，家居嬉戏，光景如昨"之句，颇令人感慨。在电影《一轮明月》中，濮存昕扮演弘一法师，其中有一个场景令人泪目。弘一幼时乳名三郎。一日，垂垂老矣的弘一撑伞经过一座石桥，忽听一位母亲呼唤她的孩子："三郎，回家吃饭……"诚如但丁所言，慈母

的呼唤，乃世上最美的呼唤，一时触动了弘一封存于心底的儿时记忆，出家人弘一在雨中情不自禁潸然泪下……

四、临行赠汝无多语，一句弥陀作大舟

1928年3月，弘一居大罗山仙岩伏虎庵，诛茅宴坐。这是佛教"坐禅"的一种仪式。诛锄茅草，安一绳椅，结跏坐，头正背直，不动不摇，不委不倚，静虑默念，坐而修禅。旧历六月和九月，曾两度至江心屿兴庆寺净修，编《护生画集》稿。

1930年8月，弘一在偏僻深山的郭溪景德寺，修炼一年左右。

1932年，温州城墙拆毁，公园内外，愈见喧闹。庆福寺移至花柳塘一带重建，弘一法师手书"庆福寺"隶书寺额，穆静冲逸，淳朴自然。又为大雄宝殿题写"极乐庄严"横匾（现悬江心寺三圣殿）。并亲撰《题永嘉庆福寺缘册》。使这座原先名不见经传的小寺院，成为海内外注目的佛教圣地。

1932年秋，弘一从永嘉去闽南宣教，不再返回。此时，弘一53岁。临行前，给因弘法师写下一联：临行赠汝无多语，一句弥陀作大舟。

1942年，弘一法师在泉州晚晴室圆寂，享年62岁。前四日，书写"悲欣交集"四字。"悲欣交集"出自于《楞严经》：阿难整衣服，于大众中，合掌顶礼，心迹圆明，悲欣交集，欲益未来诸众生故，稽首白佛：大悲世尊！我今已悟成佛法门，是中修行，得无疑惑。常闻如来说如是言：自未得度，先度人者菩萨发心，自觉已圆，能觉他者，如来应世。我虽未度，愿度末劫一切众生。

五、缘与憾

1985 年，记者黄兴龙赴庆福寺旧址采访，据说，"大跃进"年代，从 1959 年起，庆福寺就被昆仑化工厂占用。"举目顾盼，破旧杂乱的大殿里，曾被誉为塑像艺术水平为诸寺圣像之冠的佛像和匾额早已荡然无存，惟有黑沉沉地堆满一个个盛着化工原料的铁桶，时而发出阵阵恶臭。四处寻觅，大殿内外高大的石柱上，尚有镌刻弘一法师亲笔撰书的楹联。步出山门，迎面就是碧波粼粼的花柳塘河。回首仰望，山门上大师亲笔书写的'庆福寺'青石匾额和青石对联，令人惊喜地保存完好。"（黄兴龙《弘一法师与温州殊缘》）

1985 年，正值温州大规模旧城改建。次年，庆福寺在人民东路扩建中被彻底铲除。黄兴龙无限感慨："令人浩叹的那些青石匾额，对联，大殿柱基等弥足珍贵的文物，至今下落不明。"戈悟觉、张承健等先生，都曾徘徊于人民路旧城改建中庆福寺的废墟上，感慨万千。

"君子之交，其淡如水。执象而求，咫尺千里。问余何事，郭尔忘言。花枝春满，天心月圆。"弘一的佛学体系和弘体书法都是在温州时期形成。花枝春满，结缘温州，何其有缘。而庆福寺湮灭不存，终是一憾！

线路：温州南——温瑞大道——学府北路——南大线——宝严寺

夏承焘旧居：
诗意地栖居

夏公当年所住的一进两首正间、边间、厢房，其中正间的一面黑漆方格子窗仍保持当年风貌。当年夏公就坐在这窗内，竟日伏案苦读、写字，夜以继日、双目为眚，勤勉情景犹可追思。

→
夏承焘旧居

一、全生命的诗意栖居

夏承焘在教学生《庄子》时，引庄子的话："鹪鹩栖巢，不过一枝；偃鼠饮河，不过满腹。"又讲了一个笑话——英国浪漫主义诗人雪莱曾给一个资本家写墓志铭："他曾吃了很多，喝了很多；现在，他死了。"

抗战期间，夏承焘在浙大龙泉分校任教，与永强王季思先生一起住在离县城十多里的小山村集体宿舍楼，楼舍由杉木、竹竿和山杉皮搭盖而成，照明只有桐油灯，夜读迟了，翌日晨起，满鼻孔的烟灰。日常饮食，仅青菜萝卜，一箪食，一瓢饮。

然而，夏公引宋贤的话，"凡人内重外轻"，人重视内在品格修养了，便会轻视外在物质享受。他把经常遭风吹雨打的集体宿舍欣然命名为"风雨龙吟楼"，认为所居环境山明水秀、鸟语花香，是"几生清福到龙泉"。

作为论词吟词的一代词宗，夏公无疑是一个"精神诗意栖居"的人。而夏公"此身"曾经的各处栖居地，也真有颜回的"居陋巷而不改其乐"，其安贫乐道更是一种"诗意的栖居"。

夏承焘青少年时，住过很多地方：县前头、杨

柳巷、登选坊；为了靠近温州图书馆，便于钻入书海查阅典籍，他还曾住到妆楼下……多处皆为租住。后来，其兄夏炎生在谢池巷东端买了间旧屋基，和夏承焘商量共筑一座房子。夏公大喜，1936年1月19日《夏承焘日记》记："接大哥函，谓谢池巷东山书院西边有屋，已为予看定。予甚爱其谢池古迹，风景幽静。"

谢池又名春草池，因南朝诗人谢灵运守温州时凿池筑屋于此，吟"池塘生春草"而得名。卜居谢池是夏承焘的夙愿。夏承焘早年就有"辛勤有庐足坐啸，谢池风月天无悭"之句，当他得悉兄长买宅谢池，可谓宿愿成真，便欣然写下一首《临江仙》：

万卷三间迟十载，得归不负辛勤。一杯来酹六朝人。草塘如有梦，诗笔可能神？
招手停云还独唱，人间八表同昏。横流欲到看山身。翻怜江左屐，未见海东尘。

上阕情牵谢灵运，下阕化用陶渊明，对夏公来说，筑屋于谢池畔，真是觅得桃源避乱世。

1936年8月中旬，房屋造好了，背靠东山，仰看飞霞，毗邻池上楼，移步春草池，无限风光，足以畅叙旷古诗情。夏公原先拟取名"谢池小筑"，推敲再三，还是觉得称"谢邻"更为熨帖。"谢邻"意为与谢灵运为邻，神驰千古，仿若比邻。

诗人池仲霖、金松岑等先后作诗祝贺"谢邻"

←
夏承焘旧居外景

→
夏承焘旧居

落成，夏公也曾用王十朋与昌龄酬和东西园韵作了首七绝，表达自己的迁居落户之喜。

此后 20 年，"谢邻"一直是永嘉诗人们经常雅集的地方。令人惋惜的是，1958 年，谢邻被用作医院，改头换面，不复旧时面目。1994 年，因旧城改造，谢邻被拆，从此旧迹无存。

如今的夏承焘旧居，仅余登选坊 40 号的一处老宅，是二进七间合院式晚清民初风格的民居。夏承焘早年住在一进两首正间、边间、厢房。周红在《夏承焘旧居》里曾写道：据夏承焘的老邻居、已故温二中老教师朱肇棠生前回忆，当年他才 7 岁，对夏承焘的印象很深刻，每天只见他端坐于朝北的窗边，静静地看书、写字，有时还听见琅

琅的诵读声。夏天，邻居们都在院子里乘凉，大人们闲谈着，小孩们嬉戏着，周围再喧闹，夏承焘仍然心无旁骛地伏案读书。

登选坊是温州市井一条时尚的街坊。我特意找到登选坊 40 号，夏承焘旧居藏于其中，不动如山。院子里种满了花花草草，一棵桂树正吐绽芬芳，掩映着夏公当年所住的一进两首正间、边间、厢房。其中正间的一面长方窗仍保持当年风貌，黑漆方格子窗，衬着室内的白窗帘，素朴沉静。当年夏公就坐在这窗内，竟日伏案苦读、写字，夜以继日、双目为瞽，勤勉情景犹可追思。

夏承焘没读过大学，后来却走上了大学的讲坛，成为著名的教育家、学者、词人。他的造诣

由自学而成。夏承焘在做学问上，常自谦："笨是我治学的本钱。"自总角之年开始，除了大病，他几十年如一日地苦读，没有一天离开过书本。白天教书，晚上挑灯夜读，焚膏继晷，博览群书，其用功可比古人之悬梁刺股。《夏承焘日记》屡有记载："兀兀终日，双目为瞽"，"竟日伏案，用心过劳，口舌为干。"读书有得，则欣然忘了忧劳："大喜出户。素月流天，庭叶无声，几三更矣。""晴日满窗，乱书坐拥，萧然自得。"

天井一角，有一块四四方方的水泥洗衣台。天井上方晾了几件半旧的衫裤。这情景，不禁让人想起夏公在浙大龙泉分校宿舍楼山居的景况：因战时校舍简陋，家眷不能跟随，夏公便自己洗衣洗裤，自己缝缝补补，还写了一首自嘲的词：

拈针学女手，惹笑几后生。
当门曝犊鼻（短裤），非干达士名。

如此安贫乐道，此等名士之风！寻访过许多名人故居，惟夏公旧居最见简陋，而瞻仰之时，钦佩之情却最是由衷升起。夏公是彻头彻尾的物质简单、精神浪漫的高尚之士。

1944 年，乐清西乡和乐成镇沦陷前夕，乐清县立师范学校（乐师）迁至雁荡山，借灵岩寺和灵岩路口雁山旅社为临时校舍。

校长俞天民是夏公早年在之江大学的学生，当其获悉夏公为避日寇暂寄鹭山草堂后，便派人送信到虹桥南阳，敦请他到乐师担任国文教师。夏公欣然应聘。

夏公在乐师每星期上高秋一国文及历史课，共七小时，上下午各授一课。据当时初师春一班的姚正中回忆：他们的"教室在灵岩寺听瀑庐旁边，寝室则在楼上大雄宝殿后面，大家睡在一起，把寺院的晨钟暮鼓作为早晚自修课的信号"。

灵岩素称"雁荡明堂"，此处林壑幽绝，夏公在日记中风趣地写道："住灵岩如贫子暴富，终日仰面看峰，颈项为痛。"一次，他想给学生布置一篇作文《灵岩道上》，便亲自在前一天傍晚带着学生在寺前的林荫道上散步，移步观景。

夏公曾先后在乐师纪念周上、温州图书馆、省立十中作过《不游雁荡是虚生》的演讲。在灵岩寺任教时，应灵岩寺方丈之请，夏公曾将晚清诗人江弢叔的名联"欲写龙湫难着笔；不游雁荡是虚生"写成楹联，"文革"前一直悬挂在斋堂门首。夏公摭此为讲题，根据人们的道德修养和情操，夏公把人分成上、中、下三品：上品是"不游雁荡不虚生"，中品是"不游雁荡是虚生"，下品是"已游雁荡亦虚生"。

夏公在乐师虽然每天吃的是三餐稀饭，生活清苦，却仍然觉得惬意。或是雨窗临帖，或是露台看月，或是与友娓娓谈诗，或是与僧侣侃侃谈经。在整整 10 个月的山居生活中，夏公作词 50 多首，记述种种美好事。

其中一首《临江仙灵岩病起招鹭山》，作于1944 年重阳节，阔达有苏轼词境界：

自拂僧床支美睡，偶然梦亦灵奇。无名秋病莫惊疑。倦犹携铁笛，瘦恰称筇枝。
四海子由三日别，每逢佳处相思。相逢不必有前期。心头诗几首，荡顶月圆时。

1945 年春，乐师从灵岩寺迁至灵峰办学，夏公及夫人住在风灵峰寺大殿的一个僧房里，门外左侧是走廊，他们就在走廊靠门处摆了一张餐桌，用一只小炉灶来烧饭菜，过着箪食瓢饮的清苦生活。有一天，黄礼芳听夏夫人说："夏先生真是个怪人，日前有人来说省里要给我们一笔战时补贴，却被他一口拒绝，不知是怎么回事？"后来黄礼芳问夏公，夏公解释道："那是省长黄绍雄通过乐清县政府要送我一笔津贴给我，这份'禄'不能受，就退还了。"进而感慨道："这年头有人说难做人，我说不难做。物质生活艰苦些，我们把精力放在读书、教书上，安贫乐道就是了。"

夏公晚年有浪漫的爱情。1972年，在原配夫人游俶昭去世后，夏公与吴鹭山的妹妹吴无闻结为伉俪。当时传为惊世骇俗之举，不乏道学家在背后嗤笑。夏公则置之泰然，写《鹧鸪天》一笑："老来郊岛从人笑，醉唤家人捡锦囊。"

我则理解为夏公的真名士真浪漫。夏公的为人，为学，乃至全生命，皆为"童子之心，天真烂漫"。无闻夫人曾是夏公的学生，与琦君是同学。琦君称夏承焘与吴无闻的结婚为"才女学人的黄昏之恋"。王季思先生则说："瞿禅真正的美满家庭生活，是跟无闻夫人结婚以来。无闻是他在谢池巷同住的好友吴天五的妹妹，瞿禅看她从小长大，后来又是瞿禅在无锡国学专科学校兼课时的学生……她国学有基础，长期记者的生活又锻炼了她的文笔。她不仅是他生活上的好伴侣，还将是他学问上的好帮手。"夏公却诙谐而率真地回答："老年赖伊照顾生活。"

1986年5月，夏承焘逝世后，他的骨灰一分为二。一部分送到雁荡山的天柱峰与夫人游俶昭合葬，坟前刻：月轮楼夫妇墓；一部分骨灰安葬于千岛湖羡山岛，墓前有他的半身像雕塑。这是夏公最后的诗意栖居。

二、见夏师，乃见智慧之光

夏承焘字瞿禅，号月轮楼主，天风阁主，别号谢邻，九山翁。对于瞿禅这个名字，夏公的得意门生，著名作家琦君在《春风化雨》一文中曾写道："我曾请他解释'瞿禅'二字的意义。他说：'没有什么特别意义，只因我很瘦，双目瞿瞿，且对一切事物都怀惊喜之情。至于禅，却是不谈的，一谈就不是禅了。其实禅并非一定是佛法，禅就在圣贤书中、诗词中，也在日常生活中。慧海法师说的'饥来吃饭困来眠'，不是日常生活吗？'"一席话，可见夏公旷达的人生观。

夏承焘出生于温州一个普通的商人家庭。14岁时，以优异的成绩考取温州师范学校。青年夏承焘便对古籍经典情有独钟，开始赋诗填词。曾有《如梦令》"鹦鹉，鹦鹉，知否梦中言语"句，深得国文教师张震轩的赞赏，密密加朱圈，大大激励了夏承焘，由此"师傅领进门"，奠定了他一生研治词学的基石。

20岁后，夏承焘北到冀晋，西入长安，视野扩大，阅历加深，写下了不少忧时愤时之作，如《清平乐鸿门道中》《鹧鸪天郑州阻兵》《临河曲黄河舟中》和七律《客思》。

30岁后，夏承焘专攻词学，弘博精深，对我国词学的发展起了重大的作用。他呕心沥血之作《唐宋词人年谱》10种12家，在学术界引起极大反响。赵百辛先生盛赞"十种并行，可代一部词史"；唐圭璋则誉之为"空前之作"；日本学者清水茂教授撰文指出："今日研究词学，此必为重要参考书之一。"

从1930年起，夏承焘先后担任浙江大学、浙江师范学院、杭州大学教授、中国科学院文学研究所特约研究员。在将近半个世纪的时间里，他主持东南词学讲席，多有建树，成为蜚声海内外的一代词学宗师。他的一系列经典著作无疑是词学史上的里程碑，凝聚着他毕生心血的近千万著作中，有已出版的词学专著近 30 种，未结集论文百余篇，待整理出版的著作尚有多种。

胡乔木曾多次赞誉夏承焘为"一代词宗""词学宗师"。夏承焘是现代词学的杰出代表。夏承焘词学研究的最大成就在于开创词人谱牒之学。除词人年谱外，夏先生在词学研究领域进行了多方面的开拓。他的《唐宋词论丛》《月轮山词论集》《姜白石词编年笺校》《龙川词校笺》《词学论札》等都是承先启后，卓有建树的经典之作。

在词学评论方面，夏承焘既吸收了旧词论的精华，又突破了旧词论的局限，明确了现代词学理论的发展方向。

夏承焘还以出色的诗词创作印证并丰富了他的词学理论，他的《天风阁词集》为当代不可多得的词集。

学生曾说："见夏师，乃见智慧之光"。

萧山施亚西曾回忆道："夏先生的学识和兴趣非常广泛，诗词固不必说，于其他文学种类，或历史、哲学、佛学，甚至外国文学……在上课时，常左右逢源，互相印证。"

1939 年春，之江大学迁上海福州路法租界，夏承焘教"古今体诗"。在第一堂课上，他执粉笔在黑板上写了元好问的两句诗："鸳鸯绣出从教看，莫把金针度与人。"然后，把"莫"字改为"欲"字，表达了自己"金针度人"的教学宗旨。

夏丏尊曾提倡"母亲式的教育"，夏承焘也以此条原则对待学生。他曾作有一首《鹧鸪天病中示诸从游》，下阕为：

同笑语，亦前缘。人生真味几悲欢。围灯诸友都堪画，好作儿时弟妹看。

又曾作诗："我爱青年似青竹，凌霄气概肯虚心。"

在龙泉风雨吟楼的宿舍里，学生向他问学请教之外，谈文学、谈人生，甚而谈自己的恋爱问题，皆无拘无束无碍。夏公提倡在乐学中，自度度人。

1942年9月28日至11月18日，正值温州第二次沦陷之后，夏承焘在温州中学任教，当时校址在蝉街，即孙诒让先生创办温州师范学堂的地方。夏承焘每周八小时课，教授《庄子》，包括"养生主""德充符""逍遥游""大宗师""秋水"等。温中自夏承焘来后，学生好读国文，风气渐变。

据琦君回忆，夏公主张读书在初学不可贪多，但要有方向，有条理地去读。他说陶渊明"好读书不求甚解"，是已经把书读通了的人说的，此话害了不少懒惰学生。他以饮茶比喻读书，要从每口水里品味茶香，而不是囫囵吞枣地烂嚼茶叶。夏公又说，人生年寿有限，总要严加选择，有几部精强之书，正如有一二可以托生死共患难的至友。他引古人言："案头书要少，心头书要多。"

夏公一生治学育人，其学高身正风范及毕生浪漫情怀，不愧为一代宗师。

参考书目:《一代词宗夏承焘轶闻》，吴思雷编撰，自印本。

朱自清旧居：
帘卷海棠红

朱自清后来给马公愚的信中曾写道："温州之山清水秀，人物隽永，均为弟所心系。"

朱自清的孙子朱晓涛曾说，朱自清从诗人到散文家的转型，是在温州开始的。

→
旧居门台

巷子里的阳光，别样寂静，落在朱自清旧居的黑瓦白墙上。四营堂巷 22 号的朱自清旧居，是将 34 号王宅原朱自清旧居东移两百米后照原貌重建的。四周高楼群起，这五间三进合院式旧居，跻身其中，独守一份"结庐在人境，而无车马喧"的宁静。

旧居中堂，一副对联由张索先生撰写：踪留潭影绿；帘卷海棠红。这副对联，意味隽永，嵌有朱自清在温州的踪迹及两篇著名散文篇名：《绿》《月朦胧，鸟朦胧，帘卷海棠红》。

进东厢，两间房，是朱自清当年在温州的起居室与书房，全部采用旧址拆迁过来的柱头及木料，摆设如旧。书房窗前兰花一盆，修叶如眉，无人自芳，当年为朱自清手植。庭院方正秀巧，院南的一株南天竺秀枝斜逸，已逾百年。这株南天竺是从王宅移植而来，年年红果，年年似为故人生。院西墙角栽了一株海棠，海棠是朱自清与温州书画名家马氏兄弟之间交游的"信物"。

朱自清旧居：帘卷海棠红

1923 年 2 月，朱自清受浙江省立第十中学（今温州中学）的聘请，携家人来温任教。借住在温州城四营堂巷的书香门第——王家大宅。

王家尊重读书人，特意让出东首的别院，安排朱自清和妻子武仲谦、儿子朱迈先、女儿朱采芷入住。不久，朱氏夫妇又添了女儿朱狄先，朱老夫人便也从扬州赶来，入住王家，照顾刚出生的小孙女。

一如胡兰成在《今生今世》描绘"温州的人情，如荷花荷叶般的好，清气扑面"，王家的温暖人情包围了朱氏一家人，让在冷的世界里颠沛流离讨生活的朱自清，有了家的暖意。

朱自清平日与同校教员马孟容、马公愚兄弟切磋学艺、交游甚密。以书画著称的马氏兄弟是温州望族马家后代，其家族有"书画传世三百年"的丰厚底蕴。马孟容曾以朱自清居室外一株开得正妙的海棠入画，以月色、海棠、八哥、卷帘赋丹青一幅，赠与朱自清，题名为《月朦胧，鸟朦胧，帘卷海棠红》。那是 1924 年的早春一月，朱自清去百里坊马家拜访，正逢马孟容在作画，画面上一轮圆月，一对睡意蒙眬的八哥，帘卷处一株海棠花开。马孟容身旁的马公愚告诉他："大哥这幅画特意为你而画。他说你喜欢海棠，喜欢月夜……"

朱自清"看了此画，瞿然而惊；留恋之怀，不能自已"。细细品味，悠然会心，以为画中鸟儿之所以月夜不肯睡去，料是画外还有一个玉人在。几日后，便写了一篇散文《月朦胧，鸟朦胧，帘卷海棠红》。随后，朱自清持文章去马家，喜滋滋告曰："先生嘱题诗，不敢承命，姑以小文塞责，以文换画吧！"文画酬和，成为一段佳话。

朱自清后来给马公愚的信中曾写道："温州之山清水秀，人物隽永，均为弟所心系。"在温虽仅一年，朱自清经常与友人徜徉瓯越山水，瑞安梅雨潭、永嘉白水漈，足迹所及，诗情洋溢，留下多篇山水游记。其中被编入小学教材作范文的《绿》，广为传诵。

张中行在《负暄琐话》里写朱自清："个头不高，额头大，双目明亮而凝重，谁一见，都能看出，是个少有的温厚而认真的人。"又极赞他人符其名，

← 马公愚

朱自清与陈竹隐

始终维持一个"清"字，且本性多情而宽厚，是一个让人"足以不恨"的人物。朱自清在十中任教时，学生起初对这个看似呆板、其貌不扬的老师很不以为然；但时日一长，学生莫不为他"温柔敦厚"的人品与"上下古今一冶"的才情所折服，便十分崇敬他。朱自清把白话文写作带到了温州，培养了马星野、金贯真、朱维之等优秀学生。

朱自清为温州中学写下的校歌，至今依然被莘莘学子传唱："雁山云影，瓯海潮踪，看钟灵毓秀，桃李葱茏。怀籀亭边勤讲诵，中山精舍坐春风。英奇匡国，作圣启蒙，上下古今一冶，东西学艺攸同。"

朱自清的孙子朱晓涛曾说，朱自清从诗人到散文家的转型，是在温州开始的。1923年暑假，朱自清和俞平伯同游秦淮河，回到温州，相约写下同题散文《桨声灯影里的秦淮河》。此散文被誉为"白话美文的典范"。《温州的踪迹》四篇，皆因朱氏的温州情缘而诞生。此后，朱自清以散文家在文坛立名。

朱自清当年的一份薄薪，要供养家中妻儿老母多口。时局动荡，生计窘迫，他在温州任教一年后，不得不离开，先后辗转到宁波省立四中、上虞春晖中学教书。而妻儿老母暂留温州。

据省立十中教员张枬的《杜隐园日记》载，1924年"9月16日，直系军阀彭德铨由福建北犯平阳、瑞安，直攻温州城，于是城中居民纷纷逃匿山中"。此时，武仲谦正生病，举目无亲又经济窘迫，处境十分困难。正当她和朱老太太手足无措时，马公愚挺身相助，邀请朱家妇孺一起到永嘉枫林亲戚家避乱。等到时局稍定，马公愚又托人护送他们回温，并接济10块大洋以作盘缠，使朱家妇孺与朱自清劫后平安团聚。

临行前，朱自清深感马公愚的患难真情，特修书一封言谢："先生于荒乱之际，肯兼顾舍间老少，为之擘画不遗余力，真为今日不可多得之至友！大德不敢言谢，谨当永志弗谖耳！"乱世友情，更见温暖。

在朱自清旧居的厅堂双柱上，林剑丹先生篆书朱自清的两句诗："黄叶依故林，梁燕认旧楼。"别有一番似曾相识燕归来的感叹。朱自清离开温

↑
旧居内院

↓
起居室与厨房

州后，对自己一家人住过的四营堂巷思念不已。隔着千山万水及兵荒马乱，他曾写信向马公愚打听："四营堂之塔想无恙？他日有缘，当再图相见。"

朱自清一直有一种难以释怀的"南方情结"，他原籍绍兴，出生于江苏，在散文名篇《荷塘月色》中屡屡提及自己"到底惦记着江南"；又写有一首诗《我的南方》：

> 我的南方，
> 我的南方，
> 那儿是山乡水乡！
> 那儿是醉乡梦乡！
> 五年来的彷徨，
> 羽毛般的飞扬！

而温州，正是他"惦记着的南方"的重要部分，在这里，有他"雁山云影、瓯海潮踪"的记忆，有他"月朦胧、鸟朦胧、帘卷海棠红"的故人，有他感叹过的穷苦人七毛钱的生命价格，在梅雨潭、白水漈，有他终生难忘的"温州的踪迹"。

鳞次栉比高楼中的朱自清旧居，说它寂静，却并不孤独。总有一些挚真的童子，在读了朱自清散文后，带着回溯旧时光的憧憬与热望，纷纷迈进旧居，从文章内走到文章外，寻找朱自清在温州的故林旧楼；在一株海棠，一间书房，一副对联中，一一辨认朱自清"曾经来过"的踪迹。这正是朱氏与温州的情缘深结，永远记得。

郑振铎纪念馆：
饮瓯江水长大的文坛伯乐

郑振铎在温州度过了童年与青少年时期。他说温州话，吃温州菜，喝瓯江水长大。他曾说过："我是瓯江的乳汁哺育大的。"后来虽居他乡，他经常怀念在温州的生活，一生乡音未改，每当得到一本好书，总是情不自禁迸出一句温州话称赞："喜欢得弗得了！"

→
合院式建筑格局

一、纪念馆概貌

郑振铎纪念馆建筑为中西合璧式合院。正立面为巴洛克式风格，青石台基，大门呈八字形内凹，青石门框，上有半圆形拱券大门罩。正屋五间两层，都是砖木结构楼房。

门厅正中墙壁上嵌着块汉白玉石，上面浮雕刻出郑振铎半身像。

进门后，这座合院式建筑格局完全呈现在眼前。宅子一、二层均带前廊。檐柱做成西式科林斯柱式，二楼用预制砼栏杆，样式为镂空的几何、花草纹饰，图案精美。院中两棵石榴树结满果子，阳光打在石榴果上，把果叶的影子印在门帘上，平添一份烂漫吉祥的气息。

这座位于沧河巷 24-28 号的建筑，建成于 1935 年，房主金沛树，永嘉乌牛人。其子金家麟为早期温州学运的领导、浙江工商大学教授、全国价格学权威。据说，1938 年间金宅是新四军秘密联络点与永嘉临时县委活动点。如此，这是栋具有近现代重要史迹及代表性建筑。2011 年列入

温州市第二批文物保护点。2015 年成为郑振铎纪念馆。

二、"我是瓯江的乳汁哺育大的。"

南方春天斜风细雨里的燕子，是郑振铎心中"如轻烟似的乡愁"。1924 年郑振铎去国离乡，在法国的海面上，看见几只飞翔的海燕，勾起了心中绵绵的乡愁，写下了散文名篇《海燕》：

> 当春间二三月，轻飔微微地吹拂着，如毛的细雨无因的由天上洒落着，……那么伶俐可爱的小燕子，便也由南方飞来，加入了这个隽妙无比的春景的图画中。
> 这便是我们故乡的小燕子，曾使几多的孩子们欢呼着，沉醉着，曾使几多的农人、市民们忧戚着，或舒怀地指点着，且曾平添了几多的春色！

燕子，孩子，故乡……正是生于斯长于斯的温州人对家乡的亲切记忆。

1898 年 12 月 19 日，郑振铎诞生于温州城内乘凉桥的盐公堂，后迁至沧河巷居住。1919 年付印的《永嘉新学会会员表》中记载："郑振铎，北京铁路学校肄业，原籍福州，住永嘉沧河巷。"郑振铎自称"我是生长在温州的福建人"。

郑振铎在温州度过了童年与青少年时期。他说温州话，吃温州菜，喝瓯江水长大。他曾说过："我是瓯江的乳汁哺育大的。"温州的童年生活，给了他最初的生活滋养；秀美的东瓯山水赋予他杰出的才华。后来虽居他乡，他经常怀念在温州的生活，一生乡音未改，每当得到一本好书，总是情不自禁迸出一句温州话称赞："喜欢得弗得了！"

少年郑振铎就读于永嘉第一高等小学，国文老师黄小泉先生对他赏识有加，经常带他与夏承焘等人去春草池、飞霞洞游玩。1934 年，郑振铎写下《记黄小泉先生》，满怀深情地说："假如我对文章有什么一得之见的话，小泉先生便是我真正的启蒙老师，真正的指导者。"

1917 年，20 岁的郑振铎游雁荡山，留有新诗《雁荡山顶》，此诗是郑振铎早期诗作，也是目前所能读到的最早讴歌雁荡山的新诗：

> 红的白的杜鹃花，
> 随意在山径旁开着。
> 我迎着淙淙的溪声，
> 上了瀑布之顶——雁荡山之顶
> ……

1917 年夏季，郑振铎毕业于浙江省立第十中学。之后，前往北平，投靠叔父，12 月考入北平铁路管理学校英文高等科。就学期间，结识瞿秋白、耿济之、许地山、李大钊等人，参加社会主义青年团，投身五四运动，创办《新社会》旬刊，发表《我是少年》《灯光》等篇章。

1921 年，郑振铎在上海商务印书馆工作期间，结识了总编辑高梦旦的幼女高君箴，两人一见倾心。1923 年两人结婚，琴瑟和谐。"四一二"事件后，郑振铎被迫别妻离子，旅欧期间，他经常将日记寄给妻子，在《欧行日记》的字里行间，饱含着对妻子的思念。1937 年，郑振铎之子郑尔康出生，合家得享天伦之乐。在家中，郑振铎不仅是一位好丈夫，还是可亲可敬的父亲和慈爱的祖父。

在温州文化土壤里成长的郑振铎，具有温州人"事功派"的典型性格：一是吃苦耐劳，善于学习，学识渊博，著作等身；二是自办经营，充满活力，

↑
郑振铎纪念馆

↑
郑振铎像

郑振铎与母亲铜像

办刊物，开书店，积极锐取；三是团队合作，热心社会事务，发起我国第一个新闻学社团"文学研究会"等多个社团，推动文化救国。四是勇于创新，锐于进取，《中国俗文学史》《中国古代木刻画史略》均为具有开拓意义的学术著作。

郑振铎驰骋文坛40年，从编辑、创作、翻译，到教学、收藏、研究，笔耕不辍，著作等身。据不完全统计，由他主编和参与编辑出版的杂志，报纸有37种，图集14种，丛书22套；选编、校点、影印的中外著作40余种。他在给一位朋友的信中写道："我每天均可写5000字，如果材料现成的话……"

1958年10月17日，郑振铎率中国文化代表团赴阿富汗及阿拉伯联合共和国访问。次日凌晨，客机在飞经前苏联卡纳什地区时失事，郑振铎殉难，此时，距离他60周岁还差两个月。先生之逝世，是新中国文化事业的重大损失。

三、文坛伯乐

郑振铎被称之为"文坛伯乐"。1921年初，郑振铎与茅盾、耿济之、周作人等12人在北京中央公园（今中山公园）的来今雨轩成立"文学研究会"，开始长达10年的编辑生涯，先后创办或主编《文学旬刊》《文学周报》《儿童世界》《小说月报》《公理日报》等刊物，发掘了诸如巴金、老舍、丰子恺等一大批文坛新星。期间，他还曾翻译泰戈尔《飞鸟集》等作品。

1923年，郑振铎接替茅盾主编我国现代文学史上的第一部大型文学刊物《小说月报》，长达10年，使其成为新文化运动中的一座堡垒。

郑振铎才华横溢，是杰出的学者文人，他待人真诚，对事业满腔热忱，又是杰出的社会学家。

他像是一块磁铁，团结了一大批志同道合的文学界和学术界的朋友。他与人为善，凡是与他有过交往的朋友无不交口称赞，称他的人格"连草木都能被感动"。

郑振铎有赤子之心。叶圣陶在1924年为《天鹅》一书写的序中，称他是一个"大孩子"。而在他牺牲后，俞平伯在悼文中仍然称他为"兴高采烈、活泼前进，对一切人和事都严肃认真，却又胸无芥蒂的大孩子"。

郑振铎的道德学问，深受人们的尊敬。在他身后，人们以各种方式举行纪念活动，以缅怀先生高尚的人格、杰出的成就以及他对国家民族的热爱与贡献。

冰心说：

他是我在"五四"时期最早认识的人，
他是给我介绍最多朋友的人，
他是藏书最多的人，
在我病中他是借给我书最多的人，
他是让他的女儿叫我干娘的人，
他是我朋友中死得最仓促的人，
他是我和文藻常常悼念的人，
他是中国的爱国的文化人可永志不忘的人。

叶圣陶说：

振铎兄……跟他结交四十年，我越来越深地感到……，他的整个生活，充满着激情，充满着活力，给人一种不可抗拒的感染。

郁达夫说：

郑振铎本来是个最好的编辑者……但他

的散文，却也富有细腻的风光，且取他的叙别离之苦的文字，来和冰心一比，就可以见得一个是男性，一个是女性的了。

巴金说：

> 有一件事我永远忘记不了，同他在一起，或者吵架或者谈过去的感情，他从不为自己。我看到敌伪时期他住过的小屋，为了抢救宝贵的图书，他宁愿过艰苦的生活，甚至拿生命冒险。看到他那些成就，即使像我这样一个外行，我也愿以公民的身份，向他表示感谢。他为我们民族保存了多少财富！

四、抢救珍贵文物

1930 年代的上海是中国的文化中心，藏书家、知识精英云集。郑振铎蛰居在居尔典路寓所（今高邮路 5 弄 25 号），独自住在二楼一间小屋，户口登记册上注为"姓名陈世训，男，43 岁，职业上海某某文具店职员"。为躲避日伪迫害，郑振铎、王统照和翻译家耿济之在善钟路（今常熟路）小剧场附近，开设一间旧书店，取名"蕴华阁"。

上海沦陷后，多数知识分子转赴后方。嗜书如命的郑振铎坚守孤岛，以极大的爱国热忱，抢救大批珍贵的古籍文物，其中的艰辛甘苦，他在《劫中得书记》中有详细记述。1940 年 1 月，他成立地下秘密组织"文献保护同志会"。这是一场没有硝烟的战争，郑振铎抢救下了大量戏剧小说，经他抢救的古籍善本、孤本、文献史料价值甚巨，商务印书馆元老张元济先生称其为"绝世瑰宝"，可与敦煌文书媲美。1948 年，他把日本侵略军从香港劫掠而由中国驻日代表团追回的珍贵文物秘密转移，直到上海解放，交由中央工作团接收，珍贵的文化遗产得以保存祖国。

中华人民共和国成立后，郑振铎担任首任文

物局长，勤于职守，勇于开拓，制定了各项文物法规，对文物事业的发展影响深远。他学识渊博，对事业充满热情，毛泽东曾说："关于文物的事情，问郑振铎。"

五、比邻而居两英才

郑振铎与夏鼐，同为温州英才，一个是中华人民共和国首任文物局长，一个长期领导中国社会科学院考古研究所。他们作为中国文物考古事业的主要奠基人与领导者，相知相惜，密切合作，为推动我国文物考古事业的发展，劳心劳力，至今仍为学界引为佳话。

1958年，北京市副市长吴晗联合郭沫若提议发掘明长陵。限于技术和财政预算，郑振铎、夏鼐不主张发掘长陵。由于吴晗的坚持，郑振铎不得不先发掘比长陵小很多的定陵作为试点。夏鼐挑起工作重担，深入地下玄宫工作达三四个星期之久，考古发掘顺利完成。因为艰苦的工作，夏鼐胃病复发，只得住院。住院期间，郑振铎曾来看望，想约夏鼐一同出国，终因夏鼐身体欠佳未能成行。不料，此次晤面，竟成永诀。1958年10月20日，郑振铎飞机失事的消息传来，病榻上的夏鼐听闻噩耗，悲从心来，泣不成声。

沧河巷是一条专营字画、古玩的文物老街，离沧河巷不远处，还坐落着中国现代考古学奠基人夏鼐的故居——仓桥街102号。当初考虑把郑振铎纪念馆设在金宅，就是想让两位名人比邻而居。"两位中国考古学巨人的故居相距不到百米，意义非同一般，在全国也是罕见的。"

参考书目：《一代才华郑振铎》，郑振铎纪念馆编。

线路：广场路——城西街——沧河巷——郑振铎纪念馆

夏鼐故居：
仓桥街走出考古英才

仓桥街，是一条商业气息浓厚的老街。街上，有闻名遐迩的猪脏粉店，有满街的服装店。走到仓桥街 102 号，时光仿佛停驻了下来，举头仰望，在一棵法国梧桐树的掩映下，一个旧门台上写着"夏里"两字，此处便是夏鼐故居。

→
仓桥街夏鼐故居

夏鼐故居：仓桥街走出考古英才

仓桥街，是一条老街，在一派祥和里却含着浓浓的商业气息。街上，有闻名遐迩的猪脏粉店，有满街的服装店，生活气息扑面而来。走到仓桥街102号，时光仿佛停驻了下来，举头仰望，在一棵法国梧桐树的掩映下，一个旧门台上写着"夏里"两字，此处便是夏鼐故居。

一、温邑山水，哺育成长

夏鼐的祖父承贤公，字敬亭。清咸丰年间，约18岁的夏敬亭从瑞安周田村白岩桥只身来到温州府城学习丝线技艺。手艺精进后，在墨池坊口创设"夏日盛"丝号，又迁至厝司库前（今解放南路）开"夏日盛丝线店"，成为当时温州富商所谓"二盛三顺"之一。

如今"夏日盛"商铺旧址仍在解放南路西，前脸仍为临街商铺。右侧后方为夏鼐出生的"四房"老屋。1922年，日益殷富的夏家举家迁至仓桥街居住，由所购旧屋改建而成。即今夏鼐故居所在。

这是一处独立门户的庭院，主体是中西合璧的二层小楼，坐北朝南，前有庭院，后有水井及花园。东侧为夏鼐哥哥一家所住。夏鼐1928年结婚后，住在一楼的西侧套间内。1952年，夏鼐举家迁往北京后，该处遂成为政府机关的宿舍。1958年，实行"私房"改造时，夏鼐将自己名下的房产，全部主动交公。2000年，市政府列其为市级文物保护单位。经过修缮，恢复原貌，夏鼐故居焕然一新，向外开放。一楼设温州情缘展厅、中外学界交往厅、夏鼐生平陈列厅、夏鼐夫妇居室、友人所赠书画厅、多功能影像厅，二楼设日用实物陈列厅、日常办公展示厅，展览内容由"温邑山水哺育成长""沪上求学开阔视野""燕京清华初露风华"等十大单元组成。

夏鼐（1910—1985），原名夏国栋，考初中时，据其兄名"夏鼎"，而改名为"夏鼐"。1920年，夏鼐考入府前街省立第十师范学校附属小学。孩

←
夏鼐夫妇

夏鼐铜像

童时代的夏鼐，有两大爱好，一是酷爱看书，二是收藏古币。夏鼐给自己订下阅读计划：每日看书要达到100页，年度课外书阅读量下限50本，上限100本。因书痴之名，夏鼐曾任"儿童自治会"图书馆主任，得以时常与图书接触，初喜欢阅读上海商务印务书馆出版的童话及《儿童世界》，后来兴趣移至小说，更由"旧小说"而"新小说"，阅读"文学研究会"的新小说及《小说月报》，开始对"新文学"发生兴趣。

《夏鼐日记》1935年10月1日记："初中时便喜欢拣古钱。"他从收藏普通的流通制钱开始，过渡到分类编集成册，考证古钱币的名称年份，崭露出科学严谨的考古才华的端倪。

1924年夏，夏鼐小学尚未毕业，即报考浙江省立第十中学（今温州中学），以八九百考生名列第二的优异成绩，升入初中部学习。此时校长为金嵘轩先生。1925年"五卅"惨案发生后，夏鼐曾以班级代表身份去街头演讲。课余，夏鼐常去籀园图书馆阅读古今图书及时事报刊，往往流连忘返。

二、燕京清华，初露风华

1930年夏，夏鼐考入燕京大学社会学系。1931年暑假，转学清华大学历史学系，师从陈寅恪、钱穆、蒋廷黻、雷海宗等，打下了深厚的史学基础。当年，夏鼐以文才闻名，与钱钟书、吴晗等一起，被人称为清华园才子。

夏鼐就读清华时，在陈寅恪讲授的"晋南北朝隋史"课程上，写有一篇作业《读史札记——论北魏兵士除六夷及胡化之汉人外，似亦有中原汉人在内》，对陈寅恪的观点提出异议。陈寅恪阅卷后，有大段评语："所论甚是，足徵读书细心，敬佩敬佩！寅恪，一月十五日。"

1933年，夏鼐接替同班同学吴晗担任了六个月的《清华周刊》文史栏主任。1934年5月，与

↑
夏鼐故居匾额

→
中西合璧建筑结构

吴晗等 10 人共同组织"清华大学史学研究会"。

1934 年 4 月，清华大学历史系同学 12 人，在夏鼐组织下，从北平乘火车出发，经石家庄、娘子关，到达山西太原，先在太原逗留数日，游览了晋祠，参观了山西大学、文庙及博物馆，然后赴大同云冈石窟考察。

1934 年，夏鼐以实习生身份赴殷墟考古工地实习。

1935 年 8 月 7 日，夏鼐乘意大利邮船由上海启程去英国，在伦敦大学学院开始了长达 6 年的留学生活。

三、国际交往，誉满四海

夏鼐非常重视中国考古学界的对外学术交流。长期以来，他作为中国国家考古研究机构的负责人，曾多次参加国际学术会议，出访过日本、泰国、巴基斯坦、伊朗、意大利、英国、法国、瑞士、德国、瑞典、阿尔巴尼亚、美国、墨西哥、秘鲁等十多个国家，他接待了来自五大洲的许多知名学者和代表团，因而结识了英国、美国、日本、意大利、瑞士、法国、苏联等国家及华商的许多学者。夏鼐以渊博的学识，温和的性格，诚恳、谦逊的态度，赢得外国学者的尊敬并与之结下了深厚的友情。他使中国考古界从外国吸取经验，也使外国同行们能更好地了解中国的考古工作。1983 年，夏鼐以中国社会科学院副院长兼考古研究所名誉所长和中国考古学会理事长的身份，主持召开了第一次在中国举行的国际性考古学会议——亚洲地区（中国）考古学讨论会。

夏鼐在学术上的卓越成就，不仅在国内，而且在国际上普遍受到重视，许多国际学术机构将荣誉称号授予他。在 1974—1985 年间，他先后获得"英国学术院"通讯院士、"美国全国科学院"外籍院士、"瑞典皇家文学历史考古科学院"外籍院士等荣誉称号，成为中国学术界接受外国国家级学术机构荣誉称号最多的学者之一。

四、温馨家庭情系桑梓

夏鼐与夫人李秀君的结合，是"父母之命，媒妁之言"的产物，直至结婚前，两人未曾见面，他们是 1928 年结婚的。婚后，李秀君虽一直体弱多病，却一生任劳任怨操持家务。1950 年夏鼐到北京工作，聚少离多的这对夫妇才真正在一起生活。

夏鼐由一个少年成长为青年直至中年，学业与事业有成，而李秀君则带领陆续出生的几个子女，既服侍公婆，又相夫教子，为和谐的家庭无私地奉献。婚后 50 多年的岁月，无论是长期相隔万里，两地分居，还是来到北京以后的团聚，以及"十年浩劫"中的灾难，夏鼐夫妇相敬相爱，风雨同舟，携手伴随，共同走过。晚年，夏鼐动员夫人一道出国访问，刻意补偿妻子毕生操持家务的辛劳。夏鼐晚年曾深情地说过："我在考古学上这一点点的成就，确实一部分要归功于我这贤惠而能干的老伴儿。"

温州历史悠久，文化积淀深厚。夏鼐作为温州人文环境培育出来的人才，虽然长期在外学习、工作，但始终深深地眷恋故乡，对乡土的文化建设尤为关心。从学生时代起，夏鼐即已开始关注乡土的历史沿革以及经济生产的历史和现状，收集有关史料。1942 年，返乡探亲时，夏鼐还给上海报刊专门写过有关温州地区金融、工农业方面的文章。1947 年返温探亲期间，曾登西山勘察名扬中外的唐宋西山窑遗址群，赴西郊汤岙寻觅碑碣，在海坛山麓发现一通已残的北宋元丰三年海神庙石碑，使这一珍贵碑刻得以保存。

无论在国外还是在北京，他都注意收集有关温州的各种资料。温州市图书馆收藏的英国传教士苏威廉的《一个传教团在中国》及苏威廉夫人路熙女士的《中国纪事》两部原版书，即为夏鼐捐赠。1956年10月，夏鼐赴温州处理家务，应温州文管会（温州博物馆前身）之邀请鉴定了一批文物，并将自己少年时代收存的古钱币，及手书《温州先贤著述见存目录》捐赠给温州市文管会收藏至今。1982年，夏鼐返乡参加母校温州中学80年周年校庆活动，并参观指导温州的考古文物工作，不辞辛劳，跋山涉水，与当地文物工作者一起深入遗址现场，边拍照，边记录。1984年，温州被国务院列为全国14个对外开放城市之一，他欣然赋诗一首作贺："故园自有好山河，羁旅他乡两鬓斑。昨夜梦中游雁荡，醒来犹觉水潺潺。"

夏鼐与温州籍文化名人，例如夏承焘、方介堪、梅冷生等，都有长期的交往。至于学生时代的同窗好友，更是长期保持着亲密的友情。每次回乡，都要与在本地的光华附中及清华大学校友团聚，畅叙友情。

整理自：《考古学家夏鼐影像辑》，《影像辑》编辑组，中国社会科学出版社2011年1月第一版。

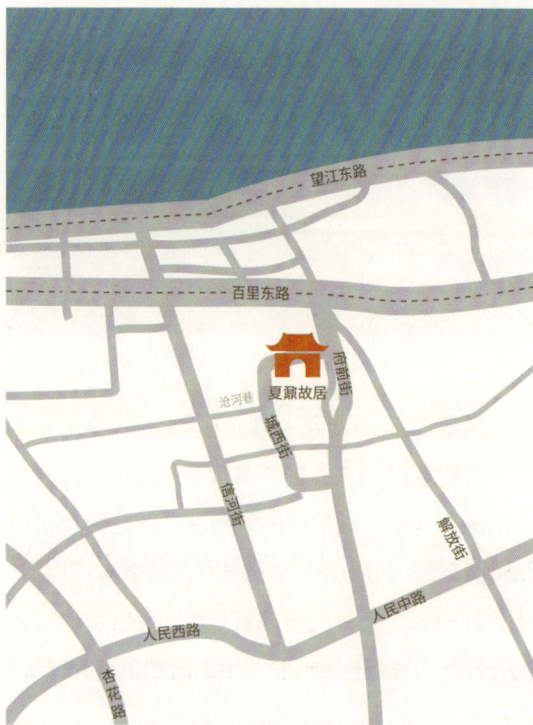

线路：市区——府前街——仓桥街——夏鼐故居

雁过藻溪：
故乡在我的血液里

张翎说："当我在多伦多市书写故土时，我闭上眼睛，几乎可以数得出温州老宅所在的那条街从街头到街尾每一座房子的式样，什么样的屋檐，什么样的瓦，还有门前的那些树；我也会想起各式各样的人在那些院落和街道上进进出出的样子。在远方书写故土，故土的样子是清晰的。"

→
"雁过藻溪"文化会客厅

一、生命之舟与创作之舟从藻溪出发

藻溪是一条美丽的溪，位于苍南县域中部。藻溪发源于矾山南麓。

历史上曾因上游遭受破坏，水土流失，每逢大雨，便山洪暴发，雨后则溪流干浅，清康熙《平阳县志》故又作"燥溪"。清中叶改筑堤坝后，溪水长流，溪底水藻丛生，每枝长达数米，呈凤尾形，随流飘荡，袅娜可爱。

盛夏7月12日，我们从南雁会文书院下山来，到达苍南藻溪时，约莫傍晚5点，日影西斜，藻溪沐浴在琥珀色的夕晖中，河流温柔泛光。小孩们光着一条条发光的身子，扑通一声，跳进藻溪，如同跳进母亲丰沛的羊水，快活地游泳。河面上，水花四溅，孩童们哪吒似的戏水声及嬉笑声，惊起三两只飞鸟游弋。

黄昏时刻，我站在藻溪大桥上，看到这个活色生香的乡村天然浴场，心底涌起一种奇异而温柔的乡愁。我惊喜地撞入了一个"久违的故乡"的怀抱之中。藻溪是"故乡"的一个鲜活模板。它像是你曾经的故乡，也像是我曾经的故乡，而大部分人的故乡在推土机之下已然湮灭。此时此刻，在一条叫作藻溪的河流上，风啊，水啊，桥啊，河里戏水的孩子啊……故乡的诸多要素依然鲜活地存焉。真让人倍感亲切。

过桥，登上岸边的一座小山丘，便是藻溪公园。藻溪如一面明镜，映衬了山丘与树木的宁静。在宁静的山坡上，有一座鹅卵石镶嵌的漂亮房子，名叫"雁过藻溪"。

我们此行，便是为"雁过藻溪"而来。或者说，是为旅居加拿大的作家张翎的故乡藻溪而来。张翎有一部中篇小说叫《雁过藻溪》，写旅居加拿大的刚离婚的女科学家末雁，在失败的生活下成了一个灰头灰脸的木偶人。当她带自己母亲的骨灰回故乡藻溪，在藻溪的故土故人中，渐渐辨认出了自己的根，从而，生命与爱犹如一棵树在春天里复苏。故乡可以让一个面目模糊的人，重新哭，重新笑，那是绿叶对根的记忆。离《雁过藻溪》发表15年后，故乡的人们以张翎的这部小说名来命名山丘上的这个文化会客厅。这该是一只寻根的雁，飞回来。

在"雁过藻溪"文化会客厅临窗坐下，透过窗，

←
青年章涛
春和内旧影（左一章涛）

张翎

可以看见矾山的远山淡影。藻溪与矾山，一阴一阳，山水交织。在矾山与藻溪之间，有一条始于清康熙年间的挑矾古道"矾藻线"。起始地为矾山福德湾，沿大龙山，过洞桥，下山路后，穿过藻溪商铺林立、繁华一时的直街，止于藻溪 27 号、28 号埠头，全程约 50 公里。

山路蜿蜒，步履不停。据说每天有近千担的明矾石压在一个个挑夫的肩上，从矾山出发，被挑往藻溪的堆栈及埠头，从水路运往上海、宁波、福建、泉州等地。而纯真年代的姻缘故事，也在此间诞生。

"藻溪附近有一个地方叫矾山，那里有一个出名的矾矿。早些年没有公路，矾山出产的明矾石必须通过藻溪的驿道水道，运往北国和南洋。一条由明矾而生的山路成就了藻溪当年的繁荣，也成就了我父母亲的婚姻，当然，也间接成就了我的生命。"

张翎的父亲张纯仁，矾山人，解放初是平阳矾矿藻溪堆栈负责人，曾任工会主席、职工业余校长、工人纠察队队长。解放初期去华东政法大学深造，后在温州市公安局任职。张翎的母亲章翠香，藻溪人，曾在藻溪小学任教数学，是一位出类拔萃的女教师。据我后来采访章翠香女士得知，当年，藻溪矾矿堆栈，就是借用她家赫赫有名的"春和内"大宅院作场地，张翎的父亲与母亲，由此结缘。

张翎父母上辈两家都是矾山、藻溪当地的乡绅望族及书香门第。上世纪 30 年代，张翎外公章涛在其思想开放的经商兄长章寿田的扶持下，远渡日本留学，考入京都大学建筑系。回国后，又考入浙江大学化工系，从此，他的一生与化工结下不解之缘。外公回到藻溪后，致力于矾矿钾肥的综合利用研究，是有名的明矾石研究专家。外公为后代树立了勤奋治学和务实求真的家风。

外公章涛夏天时在藻溪里游泳的逸事，更是让人莞尔，怀想当年乡土上最初发生的"西风东渐"。

"外公当年每逢暑假回到乡里，便会穿着一条在乡人眼里绷得很紧的白色尼龙裤，在藻溪的溪水里游泳，而我的外婆则坐在柳树的垂荫之下做着针线活。岸边围了一群人，说不清是在看水里那个男人，还是在看岸上那个女人；他们还告诉

←
藻溪直街（资料照片）

→
泗州桥

我：我外公每年暑假回乡，会发现家里多了一个孩子——那是前一个夏天的激情在后一个夏天结出的果实。孩子太多，外公记不住名字，就把纷乱的名字简化成以长幼排列的数字。"

《雁过藻溪》的创作灵感，便是源于外公的骨灰回归藻溪故里的往事。

"那时我还在多伦多一家医院的听力诊所里做听力康复师，在少得可怜的业余时间里断断续续地做着我的文学梦。《雁过藻溪》的灵感，来自一段特殊的旅程。那年我外公去世，他的骨灰在亲人的护送下由温州回归藻溪故里。在场的母亲通过越洋电话，对缺席的我详细叙述着那次旅途的种种细节。十里长亭的祭灵队伍，延续不断的鞭炮，身着丧服叩迎在桥头的乡亲……放下电话时，我才觉出了脸颊上的泪水。就在那一刻，一部小说的灵感，开始在我的胸腔里涌动。"

张翎的爷爷张达生是位爱国民主人士。解放前对革命做过贡献。张家当时是温州地下党组织联络站。刘英、曾山、黄先河、郑丹甫、郑海啸、张培农都是他家的常客。社会名流方介堪、梅冷生等与他常有往来。他利用自己特殊身份掩护党组织，为共产党做事曾被国民党当局打入监狱。解放后曾任温州文管会主任，浙江文史馆馆长。这些家庭背景对张翎后来的成长和创作都产生了潜移默化的影响。

张翎出生在杭州，很小的时候被父母带到温州。在温州度过了整个童年、少年和一部分的青春岁月。在母亲章翠香女士的回忆中，张翎从小就有一份倔强的沉静与执着，心中认定喜欢的事，便会心无旁骛地"盯着做"。那时，张翎外公从香港带来时髦的电视机，大院里的小孩们蜂拥而来围观，叽叽喳喳议论不停。但张翎心静如水，沉浸在学习中，仿佛耳边没有一丝嘈杂。"文学一

直是张翎心里的挚爱！什么事也阻挠不了她朝着这个方向去做。所以后来，她辞去了听力康复师的工作，专心创作。"张翎的母亲说。

1983年，张翎毕业于复旦大学外文系。1986年赴加拿大留学。分别在加拿大的卡尔加利大学及美国的辛辛那提大学获得英国文学硕士和听力康复学硕士学位。

"一直到1986年夏天，在我即将启程出国留学时，我才第一次来到我父母的原籍，为埋葬在那里的先辈们扫墓。那个被我多次填在表格之中的地名，至此才有了直观的意义。后来我在海外成为作家，矾山和藻溪渐渐开始浮现在我的小说之中。"

"故土往事，揉进了我的童年记忆中，在我的想象力土壤里撒下了繁多的种子。很多年之后，这些种子慢慢破土成为小说的芽叶。在一个人的记忆和想象力中占据最大位置的那个地方，就是文学意义上的故土。"

藻溪记忆融入了张翎的"江南三部曲"：《望月》《交错的彼岸》《邮购新娘》。江南故乡那些狭窄得只能容下一个人、一条狗的巷弄，那些密密匝匝住了人家的院落，一场场淅淅沥沥下也下不完、下得墙上青苔像绿鼻涕的梅雨，坐在破旧木屋前织毛衣的女子……藻溪的乡土碎片，成为这三个故事的背景与细节肌理。

然而，张翎显然已不满足于南方故事的格局。张翎渴望另一种视界与力量。对远方怀着永远的激情与开拓的渴望，这就是张翎。她的名字"翎"里带着羽翼，飞一直是她的梦想。在张翎的身上，具有一只鹰的力量。

张翎在《雁过藻溪》序《追溯生命的源头》中说："溪不是我的边界。河不是。海也不是。我的边界已经到了太平洋。"

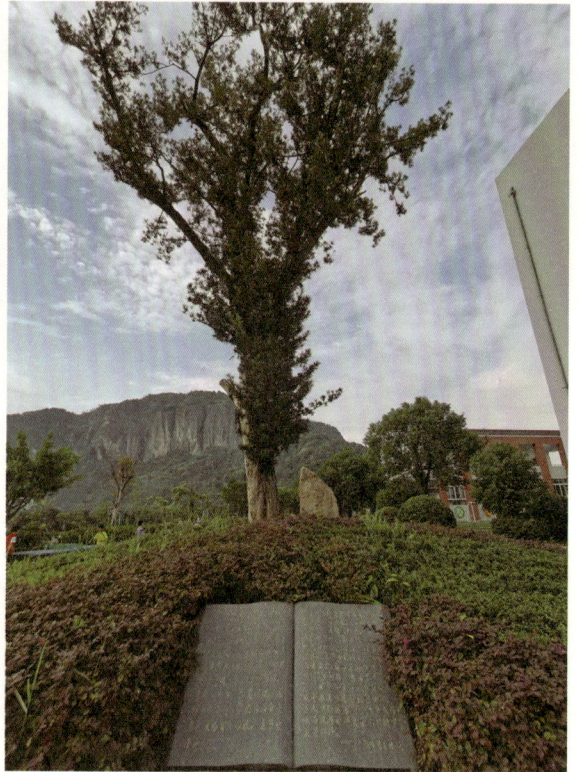

↑
章家百年老樟树

章家百年红豆杉，现移植于藻溪中心小学校园内

这不仅仅指居住地域上的边界。从温州到上海到大洋彼岸……渐行渐远。有十年的时间，张翎在加拿大和美国之间漂泊流浪，居住过五个城市，搬过数十次家，常常一觉醒来，不知身在何处。十年里她曾经尝了没有金钱、没有爱情、也没有友情的日子。之后定居多伦多的张翎，不断冲破自我的边界，也不断扩张创作上的界域。

那一年深秋，张翎带着全副武装冲到了北安大略一个叫作"小湍流"（Little Current）的地方体验生活。那是印第安部落的驻扎地。风沙烈日隔着衣服都能啮咬她的肌肤。

"来一顶野地帐篷！"张翎对土著人说。

张翎打算在灌满风沙的野地露宿，扎一顶土著人的帐篷——那种用十几条结实的树干作为骨架，外边围着兽皮，顶上开着透烟孔的帐篷。之后，她融入土著部落，与他们一起生活，歌舞，交流……这次深入印第安部落领地的体验，在辽阔的旷野中，在不同文明的冲撞中，生于南方的张翎，获得了一种"北方精神"。

"勇敢。孤独。淳厚。坚韧。奉献。容忍。感恩。忠诚。这大概就是北方的气血和精神。从此，我的江南故事有了北方的气血。"

这种"北方精神"注入了张翎后来的创作当中。

"几个月之后，我完成了一部中篇小说《向北方》，刊发在《收获》杂志上。小说讲述的是一个藏族女子在北安大略印第安领地里与险恶的生存环境苦苦相搏的故事。直到今天，《收获》的主编程永新先生见到我时，还会谈起那部早已被人们遗忘的小说，认为它是我最好的中篇作品。

"一年以后，我写出了我自己的作品中流传最广的《余震》。那个故事的背景，是与温州遥隔千里的唐山，它后来被冯小刚导演改编为灾难巨片《唐山大地震》。

"又过了两年，我写出了广东华工到落基山脉讨生活的世纪家族史《金山》。

"在一切情绪的尘埃已经落定了的今天，回望许多年前的那次印第安领地之旅，我觉得那是冥冥之中一个天意。那次行程仿佛是一道分水岭，改变了我和生我养我的江南故土之间的关系。那次行程之后，我的创作灵感从江南故土游离开来，我的文字像一个满心渴望离家去看世界的少年人，从熟稔的故乡走向了陌生的他乡，比如印第安领地，又比如唐山，又比如开平。"

不断跋涉到更深、更广维度的世界，在现地考察与史料收集中"盯着做"，并以敏锐的触觉捕获创作素材，张翎的创作获得了诗的瑰丽与史的厚度。

荣格曾说："每一个原始意象中都有着人类精神和人类命运的一块碎片，都有着在我们祖先的历史中重复了无数次的欢乐和悲哀的残余。它就像心理中的一道深深开凿过的河床，生命之流在这条河床中突然奔涌成一条大江，而不是像生前那样在宽阔而清浅的溪流中漫淌。"此话用以阐释张翎的创作心路历程，再恰当不过。在张翎的创作中，"藻溪"便是那道在原生记忆里深深凿过的河床，赋予了她生命及创作的源头活水；源于这条"宽阔而清浅"的溪流，张翎的生命之舟及创作之舟开始出发，世界变大，创作界域也不断扩大，她的创作生命之流不断奔涌，汇聚成了大江大海。

然而，世界再大，故乡永远居于心中。在他乡游移数年，最终，张翎的创作灵感又从他乡回到了故乡，近年，张翎重新以江南为背景，创作了《阵痛》《流年物语》和《劳燕》。

《阵痛》的"痛"的震源，直接取自母亲家族的那些坚韧而勇敢的女性。比如，有过11次孕育经历而早衰的外婆；在"文革"武斗的枪林弹雨下，只能自己在家冒着生命危险生产的五姨。

"母亲家族的那些坚忍而勇敢的女性们，充盈着我一生写作灵感的源流。在我那些江南题材的小说里，她们如一颗颗生命力无比旺盛的种子，在一些土壤不那么厚实的地方，不可抑制地冒出星星点点的芽叶。她们无所不在。我把她们的精神气血，东一鳞西一爪地捏合在我的虚构人物里。"

为写《阵痛》，张翎还特地全身消毒，在温州医院的产房里细观了产妇生产的"血淋淋"细节，一如当年她写《劳燕》时去采访老兵，张翎一直要一种直面现实的力量。

在《阵痛》的扉页上，张翎深情地写道：

谨将此书献给我的母亲，我母亲的故乡苍南藻溪，还有我的故乡温州——我指的是在高速公路和摩天大楼尚未盖过青石板路面时的那个温州，你们是我灵感的源头和驿站。我终于明白，故乡其实在我的血液中，无论

是离去还是归来，故土是我随身携带的行囊，离去只是为了换种方式回归。

诺贝尔文学奖得主、法国作家克莱齐奥曾说，他写大海写得最传神的时候，是远离太平洋和大西洋2000公里之外、身处美国新墨西哥的时候。张翎说：

"我也有类似的感觉。当我在多伦多市书写故土时，我闭上眼睛，几乎可以数得出温州老宅所在的那条街从街头到街尾每一座房子的式样，什么样的屋檐，什么样的瓦，还有门前的那些树；我也会想起各式各样的人在那些院落和街道上进进出出的样子。在远方书写故土，故土的样子是清晰的。"

黄昏降临，我们坐在"雁过藻溪"文化会客厅里，有一种静泊于故乡港湾的宁谧感。落日渐渐坠落在山坡小径上的黑篱笆间，光影迷离，如同莫奈的油画。

←
藻溪笔会（资料照片）

从母亲那一辈的记忆里，生出了一簇灵感的火花。从那一簇火花里，生出了一部小说。从一部小说里，又生出了一个聚会的场所。从一个聚会场所里，又生出了一些灯火。愿那座依山傍水的文化客厅里的文学灯火，长长远远地照着今天和未来的路程。

当我们告别藻溪时，暮色渐合，远山遁于黑影中，藻溪有波光明灭。"诗人的使命是还乡。"所以，有了山坡上的这座"雁过藻溪"，有文化客厅里谈论文学、谈论故乡的人的一张张温暖的脸。

二、藻溪寻根之旅

在张翎母亲章翠香女士那里，故乡藻溪保存着温柔的底色：

我们春和内宅子右边推门出去，就是清粼粼的藻溪。那时候的藻溪，清澈见底，每天朝霞升起，晚霞落下，溪面上金光闪闪，风景很美。我爷爷在溪边种了一棵樟树，樟树大了，开枝散叶，非常漂亮。夏天的时候，上百只白鹭飞来，在树边飞上飞下。这棵樟树现在已经一百五十岁了。我们春和内后来遭火灾，什么也没留下来，藻溪拓宽溪面后，老宅的旧址也大部分淹没了。就只剩这棵一百五十岁的老樟树，还守在老宅旧址边上。

早时藻溪共有显赫的十三内（豪门大宅），章氏家族的春和内为第一内，张翎的大外公章寿田是当地开明乡绅，经营着烟业、酒业、茶业、明矾。在春和内的老宅与新宅的中间，是藻溪的一条一米宽的支流，从后花园的13间走廊里哗哗穿过。过去藻溪人都说，春和内可以媲美《红楼梦》里的大观园，有亭有阁，有廊有院，有桥有水，加上奇花异草，美轮美奂。章家家庙，请的是"浙南四大家"的瑞安书法名家、孙诒让的堂弟孙诒泽书写的庙牌。对联一副"凡今之人莫如我同姓，聿修厥德无忝尔所生"，书写人为"浙南四大家"之一的瑞安许苞。

出于一种"故乡记忆"的召唤，我和友人第二次走访了藻溪，展开了一次寻根之旅。

我们先去寻找藻溪直街。当年那些皮肤黝黑赤膊袒胸的挑矾工人鱼贯而来，一头扎进了熙熙攘攘的直街，觅食，歇脚。直街上店铺林立，南货店、食堂、油店、客栈，吃的、喝的、修脚的、住宿的，应有尽有。20世纪60年代，还有许多钱库人来藻溪买地瓜，买柴，一担柴八毛钱或一块钱。因为繁荣的交易，藻溪曾成为苍南的一个中心镇。

如今的直街，老街已老，失去了旧日的繁华。

一条笔直的街上，依然有店铺，不外乎一些服装店、杂货店，是一种安静的乡里氛围。一户人家的梁上有一只燕巢，一只老燕用羽翼护着一窝小眼滴溜溜的雏燕。这是一个温柔而亲切的故乡细节。藻溪早年的十三内，只剩下一个"长泰内"，巴洛克风格的青石拱门建筑，矗立在直街的街角，沾满旧时光的痕迹。据说，长泰内当年是从春和内章寿田（张翎大外公）的申平钱庄贷款建造的。

随后，我们沿溪走，找到了横跨于藻溪的泗州桥。

当年挑矾工人从直街到达藻溪二十七埠、二十八埠码头，要经过一座木桥。桥身多次被踏破了，修了好几次。后来，春和内出资，请来泰顺匠人，运来泰顺青石，修了一座牢固精美的青石桥，叫泗州桥。章家祖上种的那棵樟树，就守在桥边。后来，泗州桥又重修了，章家后代全参与了捐资，泗州桥的一段段桥栏上可以找到章翠香、章素香、章华烈、章华辉等章家子嗣的名字。

过泗州桥，往狮子山方向走，在藻溪中上游溪畔找到了春和内的旧址。时间让繁华落尽，曾被藻溪人誉为大观园一样美的春和内，在一场火灾里早已灰飞烟灭。只有那棵祖上手植的老樟树，早些年从泗州桥边移过来，守在老宅旧址一隅。但如今看到的樟树，只是老樟树上掰下来的一个分枝，繁衍出新根生长起来。树有记忆，它在守望曾经的家园吗？若说春和内还剩下片地，那就是原先新宅后院的茶叶加工场，改造成了公家收粮库。隔着铁门，我们看到了这片宽敞的收粮库场地。

藻溪寻根之旅的最后一站，是藻溪中心小学。藻溪小学自然环境优美，背依狮子山，遥对公婆峰，藻溪萦绕着校园汩汩流过。听说我们来看那棵百年红豆杉，校长很热情地给我们带路。仰看这株植物界的活化石，条形叶，大枝开展，有冲入云霄之势。

抗日战争时期，春和内把全部住宅捐给藻溪小学当校舍。张翎外公章涛也曾在藻溪小学当了一年校长。章家祖辈手植的那棵珍贵的红豆杉，2006年移植在藻溪中心小学的校园内，校方以此来纪念章家与藻溪小学的渊源。每逢六年级学生毕业，校长都会让孩子们来红豆杉下留影存念，"希望孩子们学习红豆杉的生长精神！"校长说。

历史流逝，人事湮灭，或付之一炬，或沉于河流。一树一石一桥，都是旧记号，你未必知道它的来处了！但当你拨开时间的河流，跨过故乡的泥土，那一树一石一桥，依稀还在低处诉说着故乡的旧事，睹物思人，不能不让人唏嘘！

线路：温州南——沈海高速——苍南互通——灵沙公路——灵炎线——藻溪公园——雁过藻溪文化会客厅

图书在版编目（CIP）数据

瓯景/夏真著 . -- 上海 : 文汇出版社 , 2021.4
（瓯地乡愁）
ISBN 978-7-5496-3493-4

Ⅰ.①瓯… Ⅱ.①夏… Ⅲ.①名胜古迹—介绍
—温州 Ⅳ.① K928.705.53

中国版本图书馆 CIP 数据核字 (2021) 第 053008 号

瓯 景

作　　者　夏　真
责任编辑　苏　菲
装帧设计　何天健
摄　　影　夏　真（除署名外）

出 版 人　周伯军

出版发行　**文汇**出版社
　　　　　上海市威海路 755 号（邮政编码 200041）
经　　销　全国新华书店
印刷装订　温州市北大方印务有限公司
版　　次　2021 年 4 月第 1 版
印　　次　2021 年 4 月第 1 次印刷
开　　本　787×1092 1/16
字　　数　260 千字
印　　张　13

书　　号　ISBN 978-7-5496-3493-4
定　　价　88.00 元